Franz Pietruska

AF285431

Facetten der Armut

Ein Blick auf das Unsichtbare in unserer Heimat

In Zusammenarbeit mit den

Rengschburger Herzen e.V.

Facetten der Armut – Blog

https://www.fotografie-pietruska.de/blog

Facetten der Armut

Franz Pietruska

Für alle unsichtbaren Helden

Bibliografische Information der Deutschen Nationalbibliothek: Die Deutsche Nationalbibliothek verzeichnet diese Publikation in der Deutschen Nationalbibliografie; detaillierte bibliografische Daten sind im Internet über http://dnb.dnb.de abrufbar.

Die automatisierte Analyse des Werkes, um daraus Informationen insbesondere über Muster, Trends und Korrelationen gemäß §44b UrhG („Text und Data Mining") zu gewinnen, ist untersagt.

© 2025 Franz Pietruska

Weitere Mitwirkende: Rengschburger Herzen e.V.

Verlag: BoD · Books on Demand GmbH, In de Tarpen 42, 22848 Norderstedt, bod@bod.de

Druck: Libri Plureos GmbH, Friedensallee 273, 22763 Hamburg

ISBN: 978-3-7693-1119-8

Inhaltsverzeichnis

Durch Porträts von Menschen, die mit diesen harten Realitäten konfrontiert sind, wollen wir Geschichten erzählen, die uns zeigen, dass hinter jeder Statistik, hinter jedem Vorurteil und hinter jeder Zahl ein Mensch steht – mit Hoffnungen, Ängsten und einem Leben, das wert ist, gesehen zu werden.

Lassen Sie uns gemeinsam hinschauen, verstehen und handeln.

Ich habe Arno bei einer Benefizveranstaltung kennenge-
lernt, die den Namen *Herz-Tritt – Radeln für einen guten
Zweck* trug. Schon bei der Spendenübergabe sprach Arno
eindringlich über die schockierenden Ausmaße der Armut in
unserer Heimat. Seine Worte gingen mir nicht aus dem
Kopf. Er erzählte nicht nur von den nackten Zahlen, sondern
von Menschen und Schicksalen, die hinter den Statistiken
stehen. Das hat mich tief berührt und zugleich wachgerüt-
telt. Ich wusste, dass ich mich mit ihm in Verbindung setzen
musste.

Als Fotograf sehe ich es als meine Berufung, das zu zeigen,
wovor viele lieber wegsehen, weil es unbequem ist. Armut
ist alles andere als schön anzusehen, doch sie verdient es,
gesehen und verstanden zu werden. Als ich das erste Mal
die *Rengschburger Herzen* bei ihrer Arbeit begleiten durfte,
war ich fasziniert, beeindruckt und zutiefst schockiert:

- **Fasziniert** von der selbstlosen Arbeit dieser Hilfsorganisation, die jeden Tag versucht, das Leben von
  Menschen zu verbessern, die oft nichts mehr haben.

- **Beeindruckt** von der Dankbarkeit und Herzlichkeit
  der Betroffenen, die trotz widriger Umstände nicht
  aufgegeben haben.

- **Schockiert** über den Zustand in Deutschland, direkt
  vor unserer Haustür – und schockiert über mich
  selbst, weil ich mich selbst dabei erwischt habe

welche Vorurteile ich gegenüber diesen Menschen entwickelt habe.

Armut hat viele Gesichter, und keines davon lässt sich auf den ersten Blick erkennen. Sie ist nicht nur eine Frage fehlender finanzieller Mittel, sondern eine vielschichtige, oft versteckte Herausforderung, die in verschiedenen Formen auftritt.

Obdachlosigkeit

Obdachlosigkeit ist vielleicht die sichtbarste Form der Armut – Menschen, die auf der Straße leben, sichtbar am Rand unserer Gesellschaft. Doch was nicht sofort erkennbar ist, sind die Geschichten hinter jedem Gesicht. Ich erinnere mich an einen Mann, der seit Jahren in Regensburg auf der Straße lebt. Er erzählte mir von der ständigen Suche nach einem sicheren Schlafplatz und der schmerzhaften Einsamkeit, die mit seiner Situation einhergeht. Trotz zahlreicher Hilfsangebote bleibt er gefangen in einem Kreislauf, aus dem es scheinbar keinen Ausweg gibt.

Altersarmut

Wie kann es sein, dass Menschen, die ein Leben lang gearbeitet haben, im Alter auf Unterstützung angewiesen sind, um über die Runden zu kommen? Ich habe ältere Menschen getroffen, die sich schämten, zur Tafel zu gehen, und andere, die mir von ihrer Angst erzählten, die Heizkosten nicht mehr zahlen zu können. Ihre Würde, die durch solche Situationen verloren geht, hat mich zutiefst bewegt.

Arbeitsarmut

Armut trotz Arbeit – ein scheinbarer Widerspruch, der jedoch für viele Realität ist. Menschen mit zwei oder mehr Jobs, die dennoch kaum ihre Familie ernähren können. Niedriglöhne und prekäre Arbeitsverhältnisse zwingen viele in eine dauerhafte Unsicherheit. Ich erinnere mich an eine alleinerziehende Mutter, die mir sagte: *Ich arbeite jeden Tag hart, aber das Geld reicht trotzdem nicht für die Klassenfahrt meiner Tochter.*

Einsamkeit

Auch Einsamkeit ist eine Form von Armut. Besonders die Einsamkeit im Alter stellt viele Menschen vor große Herausforderungen. Der Verlust sozialer Kontakte, das Fehlen von Familienmitgliedern oder Freunden und die Isolation können eine tiefe seelische Not hervorrufen. Diese Form der Armut wird häufig übersehen, hat aber ebenso gravierende Auswirkungen auf das Leben der Betroffenen.

Ein persönlicher Eindruck

Die Begegnungen mit diesen Menschen haben mir eines deutlich gemacht: Hinter jeder Statistik steht ein Mensch. Hinter jeder Zahl steckt eine Geschichte – oft eine Geschichte von unvorstellbarer Resilienz und Würde, aber auch von Schmerz und Verzweiflung.

Diese Facetten der Armut haben mir die Augen geöffnet. Sie sind keine abstrakten Konzepte, sondern alltägliche Realitäten, die unser Mitgefühl und unsere Aufmerksamkeit verdienen. Mit jedem Porträt und jeder Geschichte in diesem Buch möchte ich nicht nur die Augen der Leser öffnen, sondern sie auch dazu ermutigen, mit mir und den *Rengschburger Herzen* hinzusehen und zu helfen. Armut mag nicht schön anzusehen sein, aber sie darf nicht unsichtbar bleiben.

„Hinschauen statt wegsehen – Ein Gespräch mit Arno über die Facetten der Armut"

Seit einiger Zeit begleite ich nun als Fotograf die „Rengsch-burger Herzen", eine Organisation, die Arno ins Leben geru-fen hat. Und ehrlich gesagt: Ich bin fasziniert, beeindruckt – und zutiefst schockiert. Schockiert darüber, wie groß die Ar-mut in unserer Heimat wirklich ist. Aber auch über mich selbst.

Denn als ich Arno das erste Mal getroffen habe, war ich ein anderer Mensch. Ich hatte Vorurteile und ein Schubladen-denken, wie sie viele von uns haben. Menschen in abgetra-gener Kleidung, die schmutzig und ungeduscht durch die Straßen ziehen – ich habe weggesehen. Aber jetzt sehe ich hin. Und ich denke mir: *„Franz, was für ein Mensch warst du eigentlich?"*

Arno hat mir die Augen geöffnet, und ich durfte ihn für die-ses Interview gewinnen. Er hat nicht nur einen unermüdli-chen Einsatz für Bedürftige, sondern auch eine bewegende Sichtweise auf die Fragen, die wir uns vermutlich alle stel-len.

Franz: Arno, wie kamst du dazu, die „Rengschburger Herzen" zu gründen?

Arno: „Weißt du, Franz, ich habe die Facetten der Ar-mut hautnah durch einen Menschen gesehen, der mir sehr nahestand. Ich kenne den Hunger, die Kälte und die Blicke der Leute, die zwar sehen, aber nicht wirklich wahrnehmen. Zu sehen, wie jemand, den du liebst, in so einer Lage kämpft, lässt dich nicht kalt. Es macht etwas mit einem.

Und irgendwie war mir schon immer insgeheim bewusst, dass das Leben eine Bestimmung für mich hat. Seitdem weiß ich: Meine Aufgabe ist es, denen zu helfen, die dort draußen nicht mehr weiterwissen."**

Franz: Was glaubst du, warum gibt es in unserer modernen Zeit noch solche Armut in unserer Heimat? Man könnte doch meinen wir leben auf der Insel der Glückseeligkeit.

Arno: „Manchmal frage ich mich, ob wir überhaupt in einer modernen Gesellschaft leben, wenn so viele Menschen durchs Raster fallen. Es liegt doch auch daran, dass die Politik oft blind für die Realität ist. Jahrelang werden Fehlentscheidungen getroffen, und die Schwächsten bleiben auf der Strecke. Anstatt echte Lösungen zu finden, wird lieber geredet, versprochen und vertagt. Beispiele gibt es unzählige, das würde hier den Rahmen sprengen.

Aber es sind nicht nur die großen Versäumnisse. Es sind die Einzelschicksale, die sich summieren: ein geliebter Mensch stirbt, die Arbeitsstelle geht verloren, Beziehungen zerbrechen. Und dann dieser immense Druck von allen Seiten – von Arbeitgebern, von der Gesellschaft, die erwartet, dass du immer stark bleibst, dass du funktionierst.

Ein kleiner Sturz reicht, um in dieses Karussell der Armut zu geraten. Und wenn es sich erst einmal dreht, ist es fast unmöglich, wieder auszusteigen. Niemand merkt wie gefährlich dieses System ist, bis es ihn selbst betrifft."

Franz: Ein Einwand, den ich mir selbst oft eingeredet habe, war: 'Sollen sie doch Sozialhilfe beantragen'. Warum nutzen die Menschen diese Option nicht?

Arno: „Das ist ein Gedanke, den viele haben, und ich verstehe, warum. Aber wenn man erstmal in dieser Lage steckt, sieht die Realität ganz anders aus. Viele dieser Menschen sind psychisch und körperlich einfach nicht in der Lage, Hilfe zu beantragen. Depressionen, das Gefühl der völligen Überforderung und dieser endlose Kreislauf aus Sorgen: 'Wie bekomme ich etwas zu essen? Wie schaffe ich es durch den Tag?' – das alles lähmt sie.

Der Körper funktioniert oft nur noch im Notlauf, genauso wie der Kopf. Manche kämpfen mit Süchten, andere haben niemanden, der sie unterstützt. Und ohne menschliche Bindung, ohne jemanden, der dir die Hand reicht, wird dieses Loch, in dem sie sich befinden, immer tiefer. Sie fühlen sich wie betäubt, gefangen in einer Spirale, die sie nicht mehr allein durchbrechen können.

Hinzu kommt die Scham, dieser Stolz, der sie daran hindert, sich als 'Hilfesuchender' zu outen. Niemand will das Stigma tragen, in einer Gesellschaft, die auf Stärke und Erfolg ausgelegt ist. Aber weißt du, Franz, diese Menschen, die so oft übersehen werden, zeigen oft mehr Mitgefühl als mancher, der dem System folgt.

Sie geben aufeinander Acht, teilen das Wenige, was sie haben, und sind füreinander da. Diese Art von tiefster Menschlichkeit – die ungeschminkte, echte Solidarität – findest du nirgends sonst. Inmitten des Elends zeigen sie, was es wirklich bedeutet, menschlich zu sein."

Franz: Was muss geschehen, damit diese Menschen wieder Fuß fassen?

Arno: „Was geschehen muss, damit diese Menschen wieder Fuß fassen? Die Frage ist doch eher: Warum ist es überhaupt so weit gekommen? Unsere Politik, die doch angeblich für das Volk arbeitet, hat komplett versagt. Die Würde des Menschen, die im Grundgesetz als unantastbar gilt, ist längst zur leeren Worthülse verkommen. Wir haben zugelassen, dass sich eine Zweiklassengesellschaft entwickelt, in der die einen in Luxus schwelgen, während die anderen nicht wissen, wie sie den nächsten Tag überstehen sollen.

Diese Menschen brauchen keine Almosen und auch kein Mitleid – sie brauchen echte Gleichbehandlung! Sie brauchen ein System, das sie nicht abstempelt, sondern unterstützt. Es kann doch nicht sein, dass wir Milliarden für Prestigeprojekte und Rettungspakete ausgeben, aber nicht mal genug Geld in die Hand nehmen, um den Schwächsten unter uns eine Perspektive zu bieten.

Was diese Menschen bräuchten? Zukunftsaussichten! Aber stattdessen werden sie ignoriert, weggeschoben oder mit bürokratischen Hürden im Stich gelassen. Bildung, bezahlbarer Wohnraum, faire Arbeitsmöglichkeiten – das ist keine Utopie, das sind Grundrechte. Doch in unserem System scheinen diese Rechte nur für jene zu gelten, die bereits oben sind.

Und die Gesellschaft? Sie ist zu oft Mitläufer in diesem Spiel. Es fehlt an Mitgefühl, weil die Menschen lieber wegschauen, als zu handeln. Dabei sind es diese Menschen am Rande der Gesellschaft, die oft mehr Menschlichkeit zeigen, als mancher, der dem System blind folgt. Sie halten zusammen, geben aufeinander acht und bewahren eine Menschlichkeit, die du in den oberen Reihen oft vergeblich suchst.

Es ist höchste Zeit, dass wir aufwachen. Wenn wir nicht anfangen, diese Ungerechtigkeiten aktiv zu bekämpfen, dann wird diese Abwärtsspirale immer mehr Menschen mitreißen – und am Ende kann es jeden treffen."

Franz: Was kann deiner Meinung nach, ein jeder tun um zu helfen?

Arno: „Jeder von uns kann etwas tun. Es muss nicht immer eine große Geste sein – oft sind es die kleinen Taten, die den größten Unterschied machen. Wer helfen kann, sollte aktiv mit anpacken. Die Zeit, die du gibst, kann für jemanden ein ganzes Leben verändern. Ob in einer Organisation, bei einer Aktion oder einfach in deiner Nachbarschaft – jede helfende Hand zählt.

Und wer vielleicht keine Zeit hat, kann trotzdem helfen. Sach- und Geldspenden sind unglaublich wichtig. Ein warmer Mantel, ein Schlafsack oder ein kleines Geldgeschenk für Lebensmittel können für jemanden, der alles verloren hat, ein Funken Hoffnung sein.

Aber weißt du, was das Wichtigste ist? Hinschauen. Nicht wegsehen. Jeder Mensch, der auf der Straße lebt, hat eine Geschichte, und oft ist diese Geschichte geprägt von Schmerz und Verlust. Mit einem offenen Blick, einem freundlichen Wort oder einfach einem Lächeln kannst du einem Menschen das Gefühl geben, dass er nicht unsichtbar ist.

Es ist so leicht, zu urteilen. Aber die Wahrheit ist: Niemand von uns ist sicher. Das Leben kann sich von heute auf morgen ändern, und plötzlich stehen wir selbst da, wo wir nie hinwollten. Denk daran: Mitgefühl und Respekt kosten dich nichts, aber sie bedeuten jemand anderem die Welt.

Wenn sich die Politik schon nichts darum schert, wenn die, die uns eigentlich schützen und unterstützen sollen, lieber die Augen verschließen – dann liegt es an uns. Wir können es uns nicht leisten, darauf zu warten, dass irgendjemand anders die Verantwortung übernimmt. Es ist unsere Aufgabe, es selbst in die Hand zu nehmen. Wenn wir alle ein bisschen mehr Herz zeigen, ein bisschen mehr Verantwortung übernehmen und die Augen öffnen, anstatt sie zu verschließen, dann können wir gemeinsam etwas bewegen. Lass uns eine Gesellschaft sein, die nicht nur sieht, was falsch läuft, sondern die auch den Mut hat, es zu ändern."

Franz: Was wünschst du dir von den Menschen, die dieses Interview lesen?

Arno: „Was ich mir wünsche? Dass die Menschen, die dieses Interview lesen, nicht einfach zur nächsten Seite klicken oder zur Tagesordnung übergehen. Ich wünsche mir, dass sie innehalten – nur einen Moment – und sich fragen: *Was kann ich tun? Wie kann ich helfen?*

Es geht nicht darum, die ganze Welt zu verändern, sondern den Mut zu haben, bei sich selbst anzufangen. Ich wünsche mir, dass die Leser sich trauen, hinzusehen, statt wegzuschauen. Dass sie bereit sind, einen Unterschied zu machen – sei es durch eine Spende, durch Zeit, die sie schenken, oder durch ein offenes Herz, das sie jemandem zeigen, der es dringend braucht.

Ich wünsche mir, dass sie erkennen, dass niemand von uns unverwundbar ist. Dass Armut und Schicksalsschläge schneller vor der eigenen Tür stehen können, als man denkt. Und vor allem wünsche ich mir, dass sie verstehen, wie viel Kraft in Mitgefühl und Menschlichkeit steckt.

Jeder kann etwas bewirken. Es sind nicht immer die großen Taten, die zählen – oft sind es die kleinen, unscheinbaren Gesten, die ein Leben verändern können. Wenn nur einer von euch sich entschließt, hinzusehen, zu helfen und das weiterzutragen, dann hat dieses Interview schon etwas bewirkt."

Ein Stück Torte und ein Schlafsack – Leben im Kontrast

Die Hand, die den Schlafsack entgegennimmt, ist verletzt – Finger, die zu oft der Kälte ausgesetzt waren, notdürftig mit Pflastern versorgt. Die andere Hand, auch provisorisch mit Verband versorgt, hält ein Stück Torte, ein unerwarteter Luxus inmitten eines Lebens, das von Entbehrung geprägt ist. Zwei Objekte, die in ihrer Symbolik kaum unterschiedlicher sein könnten: Ein Schlafsack, um die Nächte draußen zu überstehen, um nicht zu frieren. Und ein Stück Torte – süß, zart, fast vergänglich – ein Hauch von Normalität, ein kleiner Moment des Genusses.

In einer Gesellschaft, in der Wohlstand zur Selbstverständlichkeit geworden ist, kämpft dieser Mann um die Dinge, die wir als selbstverständlich erachten: Wärme, Schutz, Würde. Der Schlafsack ist nicht nur ein Gebrauchsgegenstand, er ist überlebenswichtig. Das Stück Torte hingegen, ein kurzer Moment, der ihn daran erinnert, dass auch er ein Teil dieser Gesellschaft ist, die ihn sonst oft vergisst.

Dieser Kontrast – zwischen dem, was überlebenswichtig ist und dem, was eine Freude sein könnte – spiegelt die brutale Realität des Lebens auf der Straße wider.
Während andere über den neuesten Trend oder den nächsten Urlaub sprechen, kämpft dieser Mann für den kommenden Tag, für ein bisschen Wärme in der Nacht und vielleicht ein kleines Stück Trost in Form eines süßen Bissens.

Obdachlosigkeit ist eine der sichtbarsten und gleichzeitig am meisten ignorierten Formen der Armut in unserer Gesellschaft. Jeden Tag gehen wir an Menschen vorbei, die ihre gesamte Existenz auf das beschränken müssen, was in einen Einkaufswagen oder eine Plastiktüte passt. Die Gesichter dieser Menschen erzählen Geschichten von Verlust, Verzweiflung, aber auch von unglaublicher Widerstandskraft. Doch wie kommt es dazu, dass Menschen ihr Zuhause verlieren? Wie sieht ihr Alltag aus? Und warum scheint es so schwer, aus dieser Situation herauszukommen?

Ursachen

Die Gründe für Obdachlosigkeit sind vielfältig und oft miteinander verwoben. Eine der häufigsten Ursachen ist der Verlust des Arbeitsplatzes, der viele Menschen in finanzielle Notlagen stürzt. Bei manchen folgen darauf die Kündigung der Wohnung und der soziale Abstieg. Persönliche Krisen wie Scheidung, der Tod eines Partners oder psychische Erkrankungen können ebenfalls eine entscheidende Rolle spielen.

Ein weiteres Problem ist der Mangel an bezahlbarem Wohnraum. Besonders in Großstädten treiben hohe Mieten viele Menschen an ihre finanziellen Grenzen. Sozialwohnungen sind oft nicht ausreichend verfügbar, und Wartezeiten auf eine Unterkunft können Jahre dauern. Hinzu kommen gesellschaftliche Stigmatisierungen: Wer erst einmal obdachlos ist, hat es schwer, Unterstützung zu finden, da viele Betroffene als selbstverschuldet betrachtet werden.

Verlauf

Obdachlosigkeit passiert selten über Nacht. Es ist oft ein schleichender Prozess, der von mehreren Rückschlägen geprägt ist. Uwe, ein Mann, den ich während meiner Arbeit mit den *Rengschburger Herzen* kennenlernte, beschrieb seine eigene Geschichte so: „Nach der Scheidung ging alles schnell bergab. Erst habe ich meinen Job verloren, dann die Wohnung, und plötzlich war ich auf der Straße."

Viele Betroffene berichten, dass es kaum Auffangnetze gibt, die sie in einer solchen Situation stützen. Selbst Menschen, die aktiv Hilfe suchen, finden oft keine Lösungen, bevor es zu spät ist. Einmal auf der Straße, wird es zunehmend schwieriger, zurück in ein geregeltes Leben zu finden. Ohne Adresse gibt es keine Möglichkeit, Arbeit zu finden, und ohne Arbeit bleibt der Weg aus der Obdachlosigkeit versperrt.

Mein erster Einsatz an der „Front"

Ich hatte mir keine großen Gedanken gemacht, als ich mich das erste Mal mit Arno und seinem Team auf den Weg zur „Front" machte – so nennt er es, wenn sie das Elend der Straße besuchen. Mein Plan war einfach: das Geschehen fotografieren und eine Reportage schreiben. Dokumentieren, nichts weiter. Doch mit dem, was mich dort erwartete, hatte ich nicht gerechnet.

Schon bei der Anfahrt, während ich aus dem Fenster des Transporters blickte, sah ich etwa zwei Dutzend Menschen. Obdachlose, Arme, Gesichter voller Erwartung, die alle auf die Anlaufstelle der Herzen warteten. Sie kannten diesen Ort. Er war für sie eine Hoffnung, ein Stück Sicherheit in einer Welt, die sie längst im Stich gelassen hatte.

Als wir anhielten, öffnete ich die Schiebetür des Transporters. Mit der Kamera betriebsbereit in der Hand sprang ich hinaus, bereit, den Moment einzufangen. Doch noch bevor ich ein Bild schießen konnte, hörte ich eine Stimme. Eine junge Frau, vielleicht 19 oder 20 Jahre alt, lief uns entgegen. Sie sang, fast wie ein kleiner Chor, aber allein: „Die Herzen kommen, die Herzen kommen, die Herzen sind wieder da!"

Ich blieb für einen Moment wie angewurzelt stehen. Meine Kamera hielt ich fest, aber mein Blick lag auf ihr. Ich dachte: Das kann doch nicht sein. Ein so junges Mädchen – und doch offensichtlich schon vertraut mit den Anlaufstellen der Herzen. Es war kein Zufall, dass sie dort war. Das war Routine, ein Stück Alltag in ihrem Leben.

In diesem Augenblick wurde mir klar: Das hier wird nicht nur eine einfache Reportage. Es geht nicht nur darum, das Geschehene festzuhalten. Diese Geschichten, diese Schicksale, diese Realität – sie müssen gesehen werden. Nicht nur von mir, sondern von der ganzen Welt.

Alltag eines Obdachlosen

Der Alltag auf der Straße ist geprägt von Unsicherheit, Angst und Isolation. Obdachlose müssen ständig wachsam sein, um Übergriffe zu vermeiden. Viele verlieren jegliches Vertrauen in die Gesellschaft, da sie oft ignoriert oder mit Vorurteilen konfrontiert werden.

Die Grundbedürfnisse – ein sicherer Schlafplatz, eine warme Mahlzeit oder medizinische Versorgung – werden zur täglichen Herausforderung. Besonders im Winter, wenn die Temperaturen lebensgefährlich werden, ist der Kampf ums Überleben ein ständiger Begleiter. Uwe erzählte mir, dass er einmal drei Nächte in einer Bankfiliale geschlafen hat, nur um nicht draußen in der Kälte erfrieren zu müssen.

Die Würde dieser Menschen ist längst nicht mehr unantastbar. Ihr Selbstbewusstsein und ihr Selbstwertgefühl sind komplett verschwunden. Wie geprügelte Hunde wirken sie oft, von der Gesellschaft vergessen und sich selbst überlassen. Hinzu kommt die soziale Isolation. Viele Menschen gehen an Obdachlosen vorbei, ohne sie wahrzunehmen. „Das Schlimmste ist nicht die Kälte", sagte mir eine Frau, die seit Jahren auf der Straße lebt. „Das Schlimmste ist, unsichtbar zu sein."

Der endlose Kreislauf des Überlebens

Das Leben eines Obdachlosen dreht sich fast ausschließlich um eine einzige Frage: Wo bekomme ich die nächste Mahlzeit her? Dieser scheinbar einfache Gedanke ist in Wahrheit ein unaufhörlicher Kreislauf, der jeden Tag von Neuem beginnt. Morgens erwachen sie in Unsicherheit – ohne einen festen Ort, ohne Perspektive. Der Hunger begleitet sie von der ersten Sekunde an und wird zum alles beherrschenden Thema.

Die Suche nach Essen nimmt nicht nur Zeit, sondern auch Kraft in Anspruch. Wo gibt es heute eine Essensausgabe? Sind die Tische bei der Suppenküche bereits überfüllt? Wird das Geld für ein belegtes Brötchen reichen? Jede Entscheidung, jede Handlung ist darauf ausgerichtet, die grundlegenden Bedürfnisse zu stillen. Dieser permanente Überlebenskampf kostet so viel Energie, dass für andere Gedanken oder Pläne kaum Raum bleibt.

In diesem Zustand der dauerhaften Erschöpfung ist es nahezu unmöglich, sich mit den komplexen Herausforderungen des Alltags auseinanderzusetzen. Die Bürokratie, die für viele schon in stabilen Lebensverhältnissen mühsam ist, wird für Obdachlose zu einer unüberwindbaren Hürde. Formulare ausfüllen, Dokumente vorlegen, Termine wahrnehmen – all das verlangt mentale Stärke und Struktur, die sie nicht aufbringen können. Die Priorität ist klar: überleben, nicht organisieren.

Die psychische Belastung verstärkt diesen Teufelskreis. Wer sich täglich mit dem Mangel und der Ablehnung konfrontiert sieht, verliert nach und nach den Glauben an eine bessere Zukunft. Sie sind wie ein Boot ohne Ruder, das auf offener See treibt, von Wellen des Hungers und der Hoffnungslosigkeit hin- und hergeworfen.

Dieser Kreislauf hält sie gefangen und zeigt: Ohne externe Hilfe, die ihnen nicht nur Nahrung, sondern auch Orientierung und Perspektive bietet, ist ein Ausweg kaum möglich. Es braucht Menschen und Organisationen, die Brücken bauen – nicht nur zu einem warmen Essen, sondern auch zu einem neuen Lebensweg.

Wahre Nächstenliebe kennt keine Kälte

Es sind die kleinen Gesten, die das Leben erträglicher machen, selbst in den härtesten Momenten. Die gebrechliche Frau stützt sich mit zittrigen Händen auf ihren Stock, während sie vorsichtig in die warme, frische Semmel beißt – ein Luxus, den sie sich lange nicht gegönnt hat.

Neben ihr steht ein Herr, der fürsorglich ihre Mütze richtet, damit die Kälte nicht zu sehr an ihr zerrt.

Diese Szene zeigt, was wahre Nächstenliebe bedeutet: Gemeinsam die Last des Lebens zu tragen, den anderen zu sehen, wo er sonst oft übersehen wird.

Dank der *Rengschburger Herzen* gibt es Momente wie diesen. Momente, in denen Menschlichkeit siegt, und ein einfacher Bissen Brot mehr sein kann als nur Nahrung – ein Zeichen von Fürsorge, Respekt und Wärme in einer Welt, die oft so kalt erscheint.

Persönliche Anmerkung: „Als ich dieses Bild schoss, kam mir ein trauriger Gedanke: Müssen Menschen erst wieder Not erleiden, um fürsorglich, um menschlich zu sein?"

Ohne Hilfe geht es nicht

Obdachlosigkeit ist kein Zustand, aus dem man sich allein befreien kann. Organisationen wie die *Rengschburger Herzen* leisten wertvolle Arbeit, indem sie nicht nur materielle Unterstützung bieten, sondern auch den Betroffenen zeigen, dass sie nicht vergessen sind.

Bei meinen Besuchen mit den *Rengschburger Herzen* habe ich miterlebt, wie wichtig selbst kleine Gesten sein können. Eine warme Mahlzeit, ein Gespräch oder ein Schlafsack können für einen Obdachlosen den Unterschied zwischen Hoffnung und Verzweiflung ausmachen. Doch es braucht mehr als punktuelle Hilfe: Es braucht systemische Veränderungen, mehr bezahlbaren Wohnraum, niedrigschwellige Angebote und eine Gesellschaft, die bereit ist, hinzusehen und zu helfen.

Hier ist auch die Politik gefragt. Für Flüchtlinge existieren oft gut organisierte Abläufe und Prozesse, die den Menschen helfen, sich zu etablieren – von Sprachkursen über Wohnraum bis hin zu sozialen Unterstützungsstrukturen. Ähnliche Programme könnten auch für Obdachlose geschaffen werden, die oft nicht einmal wissen, welche Hilfsmöglichkeiten es für sie gibt. Eine Art „Anleitung", wie sie aus ihrer Situation herausfinden können, könnte ihnen nicht nur Perspektiven bieten, sondern auch die Hoffnung zurückgeben, dass ein Leben abseits der Straße möglich ist.

Obdachlosigkeit ist nicht nur ein individuelles Schicksal, sondern eine Herausforderung, die uns alle betrifft. Es liegt an uns, den Betroffenen wieder eine Perspektive zu geben – und ihnen das Gefühl, Teil unserer Gemeinschaft zu sein.

Die Geschichte von Max (Name wurde auf Wunsch geändert), der es wieder ins Leben zurückgeschafft hat, allerdings mit Erfahrungen, die ihn stark prägten.

Max wurde 1986 in Regensburg geboren und wuchs in einer ganz normalen Familie auf. Nach der Hauptschule absolvierte er eine Lehre als Gas-Wasser-Installateur und sammelte jahrelang Berufserfahrung. Sein Leben schien stabil, doch ein Schicksalsschlag nach dem anderen brachte ihn aus der Bahn. Mit 30 Jahren erlitt sein Vater einen Schlaganfall, was die Familie emotional und finanziell stark belastete. In dieser schwierigen Zeit suchte Max Halt – und fand ihn ausgerechnet in einem falschen Freundeskreis. Dieser schleichende Einfluss führte dazu, dass er immer mehr Verantwortung vernachlässigte. Die Nächte wurden länger, Alkohol und das Kiffen wurde zur Normalität. Schließlich wirkte sich dieser Lebensstil auch auf seinen Job aus. Max verpasste Termine, erledigte Arbeiten unzuverlässig, und so verlor er letztendlich seine Anstellung.

Ein weiterer Wendepunkt war ein Wasserrohrbruch in der Wohnung über ihm. Sein Vermieter, ein alter Freund der Familie, bat ihn vorübergehend auszuziehen, bis der Schaden behoben sei. Doch als Max zurückkehren wollte, war die Miete so stark erhöht, dass er sie sich nicht mehr leisten konnte. Er zog vorübergehend bei seinen "Freunden" ein, doch auch diese setzten ihn letztendlich vor die Tür. Plötzlich war Max obdach- und arbeitslos. Mit dem Verlust seiner Arbeit, seiner Wohnung und seiner sozialen Kontakte ging auch sein Wertegefühl verloren. Er fühlte sich wie ein Boot auf offenem Meer, ohne Kurs, ohne Perspektive. Seine Motivation war erloschen, sein Selbstwertgefühl am Boden.

Das Leben auf der Straße

Mit dieser neuen Realität musste Max erst einmal klarkommen. Er hielt sich mit kleinen Reparaturarbeiten als Installateur über Wasser, doch das reichte nicht für eine stabile Lebensgrundlage. Schließlich besorgte er sich ein Zelt und quartierte sich auf den Winzerer Höhen, ein idyllisches Naturgebiet, bei Regensburg ein – weg von der Stadt. Aus Angst, erkannt oder bestohlen zu werden, zog er die Einsamkeit der überfüllten Innenstadt vor. Über zwei Jahre lebte Max dort, Sommer wie Winter, Wind und Wetter ausgesetzt. Diese Zeit prägte ihn zutiefst. Er war der Einsamkeit und den Launen der Natur hilflos ausgeliefert und hatte das Gefühl, vollständig aus der Gesellschaft herausgefallen zu sein. Max beschreibt diese Phase seines Lebens so: "Man verliert nicht nur sein Zuhause, sondern auch seine Würde. Ich war wie ein geprügelter Hund, ohne Selbstbewusstsein und ohne Hoffnung."

Die Wende

Eines Tages begegnete Max einem Sozialarbeiter, der zufällig bei einer privaten Wanderung auf den Winzerer Höhen unterwegs war. Dieser nahm sich seiner Geschichte an und stellte den Kontakt zu Arno und den *Rengschburger Herzen* her. Die Hilfsorganisation unterstützte Max, die bürokratischen Hürden zu überwinden. Dank ihrer Hilfe durfte er in einem Hotelzimmer unterkommen. Zum ersten Mal seit Jahren hatte Max wieder eine feste Adresse. Ein Name an einem Briefkasten – etwas, das in Deutschland oft mehr zählt als Anstand und Würde – bedeutete für Max nicht nur die Möglichkeit, wieder erreichbar zu sein, sondern auch ein Stück seiner Identität zurückzugewinnen.

Ein neues Kapitel

Mit der Unterstützung der *Rengschburger Herzen* fand Max langsam zurück ins Leben. Er begann, ehrenamtlich für die Organisation zu arbeiten, und half bei der Verteilung von Lebensmitteln und Kleidung. Diese Tätigkeit gab ihm nicht nur einen strukturierten Alltag, sondern auch neue Hoffnung und Motivation. Max beschreibt diese Zeit als Wendepunkt: "Es war, als hätte ich wieder einen Platz in der Welt gefunden. Ich war nicht mehr unsichtbar."

Doch auch heute noch kämpft Max mit den Nachwirkungen seiner Obdachlosigkeit. Der Wiedereinstieg in die Arbeitswelt ist schwierig, und die gesellschaftliche Stigmatisierung von Menschen mit seiner Vergangenheit belastet ihn. Dennoch hat er nun nach einem Jahr nach der Obdachlosigkeit eine Anstellung in einer regionalen Werkstatt gefunden. Was ihm neue Perspektiven ermöglicht und neue Hoffnung schenkt. Er traut sich langsam wieder zu träumen, von einer Radreise nach Österreich...

Bis vor Kurzem sein Konto wieder gepfändet wurde von der Krankenversicherung, die als Einmalzahlung die offenen Leistungsbezüge im Wert von rund 4.500,- € zuzüglich der Säumniszuschläge von 1.800,- € fordert. Wieder ein herber Schlag!

„Manchmal könnte man meinen, Deutschland ist gegen dich!"

Dennoch ist er fest entschlossen, sein Leben weiter aufzubauen und anderen zu zeigen, dass es möglich ist, aus der Spirale der Armut herauszukommen. "Ohne die Hilfe der *Rengschburger Herzen* wäre ich heute nicht hier. Sie haben mir gezeigt, dass es immer Hoffnung gibt, selbst in den dunkelsten Momenten."

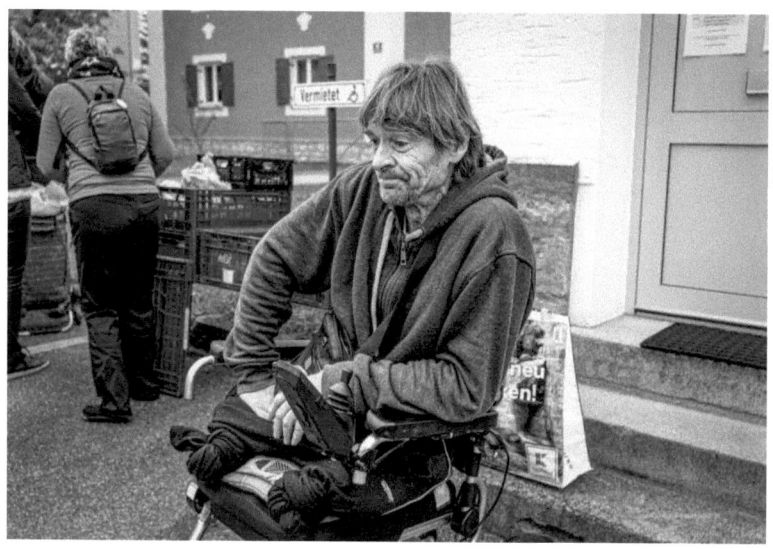

"Wenn das Leben immer wieder den Boden unter den Füßen wegreißt."

Robert war einst ein Mann mit festem Stand im Leben. Robert, ein Metzger und Koch, nebenbei ein Hausmeister, der stolz und zufrieden durch den Tag ging, der arbeitete und sich am Abend auf den kommenden Morgen freute. Doch das Leben nahm ihm plötzlich alles: die Eltern, die ihm im fernen Berlin in den Tod entrissen wurden, und fast zeitgleich seine Beine – der letzte Rest seines alten Lebens, der ihm die Freiheit schenkte, sein Leben zu meistern.
Seitdem steht die Zeit still.
In den zwei Jahren, die folgten, schleppte er sich mit ungebrochener Willenskraft jeden Tag durch seine Wohnung, trug seine Wäsche im Arm, mühsam eine Stufe nach der

anderen hoch – ganz allein, ohne Beine, ohne Hilfe.
Er konnte nicht sehen, wie das Leben draußen weiterlief.
Drinnen gab es nur Stille und Erinnerungen an das, was
war, und was nie mehr sein wird.

Heute kam ein kleiner Funke Hoffnung – ein neuer elektri-
scher Rollstuhl, der ihn zurück ins Leben tragen sollte, zurück an die Orte, die er seit Jahren nicht mehr erreichen
konnte.
Doch was er erhielt, war erneut eine Enttäuschung.
Der Rollstuhl, der ihm Freiheit versprochen hatte, war ka-
putt, nutzlos, wie ein Versprechen, das nie gehalten wird.
Er schaut auf dieses Ereignis, wie auf ein weiteres Symbol
dafür, dass ihn das Leben in einer Endlosschleife aus
Schmerz gefangen hält.

In seinem Blick sieht man den tiefen Riss, der durch sein
Herz geht, die unausgesprochene Frage: „Wie oft noch?"
Doch gleichzeitig spürt man die leise Stärke eines Mannes,
der sich mit allem was ihm geblieben ist, weigert, aufzuge-
ben.
*„Er weiß, dass das Leben ihm alles genommen hat. Und
doch hält er fest – an der Hoffnung, dass sich eines Tages
etwas ändern wird."*

Altersarmut ist ein schleichendes und oft unsichtbares Problem in unserer Gesellschaft. Sie betrifft Menschen, die ihr Leben lang gearbeitet haben und dennoch im Alter mit finanziellen Engpässen kämpfen. Häufig entstehen die Herausforderungen durch eine Kombination aus niedrigen Löhnen, Arbeitslosigkeit, gesundheitlichen Problemen und fehlender privater Vorsorge. Dieses Kapitel beleuchtet die Ursachen, den Verlauf und den Alltag von Menschen, die im Alter in Armut geraten, und erzählt die Geschichten von zwei Betroffenen: Helga und Walter.

Ursachen

Die Ursachen von Altersarmut sind vielfältig. Niedrige Einkommen über einen langen Zeitraum, Unterbrechungen der Erwerbsbiografie durch Kindererziehung oder Pflege von Angehörigen sowie Arbeitslosigkeit zählen zu den Hauptfaktoren. Frauen sind besonders betroffen, da sie oft in Teilzeit oder in schlecht bezahlten Berufen arbeiten. Viele Menschen haben schlicht nicht die Möglichkeit, privat vorzusorgen, weil das Geld im Alltag kaum reicht, um über die Runden zu kommen. Dazu kommen systemische Probleme wie steigende Lebenshaltungskosten, unzureichende Rentenanpassungen und Lücken in der sozialen Absicherung.

Verlauf

Der Übergang in die Altersarmut ist oft fließend. Menschen wie Helga und Hans berichten, dass sie zunächst ihre Ersparnisse aufbrauchen, um den Lebensstandard zu halten. Doch irgendwann gibt es keine Reserven mehr, und der Alltag wird zu einem ständigen Kampf ums Überleben. Die finanzielle Belastung zwingt viele dazu, auf Freizeitaktivitäten, soziale Kontakte und selbst notwendige medizinische Behandlungen zu verzichten. Der Verlust der Lebensqualität ist ein schleichender Prozess, der sich wie eine unsichtbare Last auf die Betroffenen legt.

Alltag in der Altersarmut

Das Leben in der Altersarmut bedeutet oft eine Existenz am Rande der Gesellschaft. Die Betroffenen kämpfen täglich mit der Frage, wie sie ihre Miete, Lebensmittel und andere Grundbedürfnisse bezahlen sollen. Es fehlt an Energie, sich für die eigenen Rechte einzusetzen oder bürokratische Hürden zu überwinden. Die ständige Angst vor unerwarteten Ausgaben wie Zahnarztrechnungen oder Reparaturen ist allgegenwärtig. Es ist ein Leben voller Entbehrungen, in dem selbst kleine Freuden wie ein Cafébesuch oder ein Geschenk für die Enkelkinder undenkbar sind.

Die Herausforderungen gehen jedoch über das Finanzielle hinaus. Einsamkeit und Isolation sind ständige Begleiter. Viele fühlen sich von der Gesellschaft vergessen und verlieren mit der Zeit ihren Lebensmut. Besonders schmerzlich ist es, wenn sie auf Unterstützung angewiesen sind, diese aber nur widerwillig oder gar nicht erhalten. Das Gefühl, eine Last zu sein, nagt an ihrem Selbstwertgefühl.

Helgas Geschichte

Helga ist 72 Jahre alt und lebt seit dem Tod ihres Mannes in einer kleinen Mietwohnung. Früher war sie Kassiererin in einem Supermarkt und kümmerte sich um die Kindererziehung. Ihre Rente ist gering, und nach Abzug der Fixkosten bleibt ihr gerade genug, um über die Runden zu kommen.

Helga spart an allem, was sie kann: Sie heizt nur selten, kauft fast ausschließlich reduzierte Lebensmittel und meidet öffentliche Verkehrsmittel, um die Kosten für Fahrscheine zu sparen.

Besonders schwierig ist für Helga, dass sie keine Hilfe von der Tafel in Anspruch nimmt. Der Weg dorthin führt durch ihr früheres Wohngebiet, und die Vorstellung, von ehemaligen Nachbarn gesehen zu werden, erfüllt sie mit tiefer Scham. Diese Menschen kennt sie noch von früher, als sie Tür an Tür mit ihnen lebte und ein scheinbar normales Leben führte. Der Gedanke, dass sie nun als Bedürftige wahrgenommen werden könnte, ist ein innerlicher Schmerz, den sie nicht überwinden kann. So bleibt sie oft hungrig und versucht, mit dem Wenigen auszukommen, was sie hat.

Helgas Tage sind einsam. Ihre Kinder leben weit weg, und Besuche sind selten. Oft sitzt sie in ihrer kalten Wohnung und erinnert sich an bessere Zeiten. "Ich hätte nie gedacht, dass es mich einmal so treffen würde," sagt sie leise. "Man schämt sich einfach – für Dinge, für die man gar nichts kann."

Hans' Geschichte

Hans ist 78 Jahre alt und sitzt mir im Rollstuhl gegenüber. Früher war er ein bekannter Unternehmer in Regensburg, seiner Heimatstadt. Mit Stolz erzählt er von den Zeiten, als er wohlhabend war und seine Firma florierte. Doch dann wurde Hans krank. Eine schwere Infektion führte dazu, dass ihm ein Bein amputiert werden musste. Der Verlust seiner Gesundheit zog weitere Verluste nach sich: Erst gab er seine Firma ab, dann verlor er sein Haus.

Hans trägt noch immer elegante Kleidung, die von seinen früheren Tagen als wohlhabender Mann zeugt. Sein Kaschmirmantel wirkt makellos, doch die Armut, in der er lebt, bleibt verborgen. "Man sieht es mir nicht an," sagt er. "Aber das ist auch meine Absicht." Er erzählt, dass er nachts heimlich die Bahnhofsmission aufsucht, um sich etwas zu essen zu holen. "Ich gehe immer, wenn ich sicher bin, dass mich niemand erkennt," erklärt er. Die Vorstellung, von alten Bekannten gesehen zu werden, ist für ihn unerträglich.

Als ich ihn frage, ob ich ihn fotografieren dürfe, schüttelt er entschieden den Kopf. "Nein, ich möchte nicht, dass jemand, der mich kennt, sieht, wie es mit mir endet." Seine Worte treffen mich. Trotz all der Verluste, die er erlitten hat, ist es sein Stolz, der ihm geblieben ist – und der ihn gleichzeitig daran hindert, offen um Hilfe zu bitten.

Altersarmut ist eine stille Krise, die viele Menschen betrifft, aber selten gesehen wird. Es braucht mehr gesellschaftliche Unterstützung und ein Umdenken, um diesen Menschen ein würdevolles Leben zu ermöglichen.

Arbeitsarmut ist ein schleichendes Phänomen, das zeigt, wie Arbeit allein nicht mehr genügt, um ein würdevolles Leben zu führen. Die Ursachen dafür sind vielfältig. Viele Menschen arbeiten in Vollzeit oder mehreren Jobs, verdienen jedoch nur den Mindestlohn oder etwas darüber. Dies reicht oft nicht aus, um die stetig steigenden Lebenshaltungskosten zu decken. Besonders betroffen sind Branchen ohne tarifliche Vereinbarungen, in denen die Löhne oft besonders niedrig sind. Hinzu kommen unsichere Arbeitsverhältnisse wie befristete Verträge oder Leiharbeit, die jegliche Planungssicherheit rauben. Auch Teilzeitjobs und Minijobs, vor allem bei Frauen und Alleinerziehenden verbreitet, bieten nur ein geringes Einkommen und wenig soziale Absicherung. Während die Löhne stagnieren, steigen Mieten, Energiekosten, Lebensmittelpreise und andere Ausgaben stetig, was für viele Menschen immer größere finanzielle Herausforderungen mit sich bringt.

Verlauf

Der Verlauf von Arbeitsarmut ist ein schleichender Prozess, der anfangs oft unsichtbar bleibt. Solange die Einnahmen die Ausgaben gerade noch decken, scheint die Situation stabil. Doch ohne finanzielle Rücklagen werden selbst kleine unvorhergesehene Belastungen zu einem Problem. Mit steigenden Kosten wird das Budget zunehmend belastet. Um kurzfristige Engpässe zu überbrücken, greifen viele auf Kredite oder Ratenzahlungen zurück, was langfristig die finanzielle Situation noch schwieriger macht. Sobald ein Schicksalsschlag wie ein Jobverlust, eine Krankheit oder eine Trennung hinzukommt, gerät das fragile Gleichgewicht ins Wanken. Was vorher gerade noch funktionierte, endet oft im Absturz in die Armut, begleitet von Schulden, Scham und sozialer Isolation.

Folgen

Die Folgen von Arbeitsarmut sind schwerwiegend. Ständige finanzielle Sorgen führen oft zu psychischen Belastungen wie Stress, Ängsten oder Depressionen. Gesundheitliche Probleme treten häufiger auf, da medizinische Versorgung und eine ausgewogene Ernährung häufig vernachlässigt werden. Hinzu kommt die soziale Isolation, da Betroffene aus Scham oder aus finanziellen Gründen nicht mehr an gesellschaftlichen Aktivitäten teilnehmen können. Zukunftsängste belasten das Leben zusätzlich, da ohne Rücklagen oder Perspektiven der Ausweg aus der Arbeitsarmut oft kaum sichtbar ist.

Um Arbeitsarmut effektiv zu bekämpfen, sind umfassende Maßnahmen erforderlich. Es braucht faire und angemessene Löhne, die regelmäßig an die Lebenshaltungskosten angepasst werden, sowie stärkere Tarifbindungen, um Lohndumping zu verhindern. Die soziale Absicherung muss verbessert werden, damit Menschen in unsicheren Arbeitsverhältnissen besser abgesichert sind. Zugleich ist es wichtig, Bildung und Weiterbildung zu fördern, damit Menschen aus Niedriglohnjobs herausfinden und ihre beruflichen Perspektiven verbessern können. Auch die Wohnkosten müssen durch politischen Druck bezahlbar bleiben, denn die Wohnung ist ein zentraler Faktor für finanzielle Stabilität.

Dabei ist nicht nur die Politik gefordert. Die Gesellschaft als Ganzes sollte sich intensiver mit dem Thema befassen und Solidarität zeigen. Organisationen, die Betroffenen helfen, verdienen mehr Unterstützung, und Spenden für die Heimat können genauso wichtig sein wie Hilfe für ferne Länder. Auch individuelle Verantwortung spielt eine Rolle: Jeder Einzelne kann dazu beitragen, indem er bewusster konsumiert, soziale Projekte unterstützt oder sich aktiv in seiner Gemeinschaft einbringt.

Arbeitsarmut muss kein unausweichliches Schicksal sein. Mit einem Zusammenspiel aus gerechteren Strukturen, gezielten Hilfsangeboten und gesellschaftlichem Engagement können wir die Ursachen angehen und Menschen neue Perspektiven eröffnen. Es ist möglich, eine Gesellschaft zu schaffen, in der Arbeit wieder ein Garant für ein sicheres und würdevolles Leben ist.

Aber dazu mehr in Kapitel 9 – Facetten der Armut bekämpfen.

Michaels Geschichte: Zwischen Hoffnung und Herausforderung

Michael ist 29 Jahre alt, ein engagierter und fleißiger Mann, der in einem handwerklichen Beruf arbeitet. Sein Job bringt ihm etwas mehr als den Mindestlohn ein, doch er liebt die Arbeit und gibt täglich sein Bestes. Vor einem Jahr hat er seine große Liebe geheiratet, und vor wenigen Monaten wurde das Glück der beiden perfekt, als ihre Tochter Lea das Licht der Welt erblickte.

Mit dem Familienzuwachs wurde die kleine Zwei-Zimmer-Wohnung, in der sie bisher lebten, zu eng. Es war klar, dass sie eine größere Wohnung brauchten, doch die Suche nach etwas Passendem gestaltete sich schwierig. Die Preise für Mietwohnungen sind hoch, und für Michael und seine Frau war schnell klar, dass jede Entscheidung finanzielle Einschnitte bedeuten würde. Eine günstigere Wohnung weiter entfernt hätte tägliche Fahrten zur Arbeit mit Bus oder Bahn erfordert, was nicht nur teuer, sondern auch zeitaufwendig gewesen wäre.

Michael entschied sich bewusst gegen diesen Weg. "Lieber zahle ich mehr für die Wohnung und bin schneller daheim", sagt er. "Die Zeit mit meiner Familie ist unbezahlbar. Ich möchte nicht unnötige Stunden auf der Straße verlieren, wenn ich diese kostbaren Momente mit meiner Frau und meiner Tochter verbringen kann."

So zog die kleine Familie in eine geräumigere Drei-Zimmer-Wohnung, die zwar mehr kostet, aber in der Nähe von Michaels Arbeitsplatz liegt. Doch die neue finanzielle Belastung ist spürbar. Michael und seine Frau achten nun noch genauer darauf, wie sie ihr Geld ausgeben. Große Anschaffungen werden geplant, Ausgaben priorisiert. Die Freude, die sie gemeinsam mit ihrer Tochter erleben, macht jedoch vieles wett.

Michael ist stolz darauf, seiner Familie ein Zuhause zu bieten, auch wenn es ihn finanziell fordert. "Ich will, dass Lea eine unbeschwerte Kindheit hat. Ich habe vielleicht nicht viel Geld, aber ich habe genug Liebe, Zeit und Einsatz, um ihr das Beste zu geben."

Trotz seiner positiven Einstellung kann Michael nicht leugnen, dass die steigenden Kosten ihn manchmal nachts wachhalten. Er wünscht sich, dass er eines Tages ein Gehalt verdienen könnte, das ihm und seiner Familie mehr Sicherheit bietet. Doch für den Moment konzentriert er sich auf das, was wirklich zählt: die gemeinsamen Stunden mit seiner Frau und seiner kleinen Tochter.

Michael ist ein Beispiel dafür, wie schwierig es für Familien in ähnlichen Situationen sein kann, den Spagat zwischen Arbeit, Familie und Finanzen zu schaffen. Es zeigt aber auch, dass Liebe, Hoffnung und Zusammenhalt oft die Kraft geben, die größten Herausforderungen zu meistern.

EINSAMKEIT – DIE SCHLIMMSTE ALLER FACETTEN DER ARMUT

Einsamkeit ist die vielleicht grausamste Form der Armut, denn sie beraubt die Menschen ihres tiefsten Bedürfnisses: der Zugehörigkeit. Während finanzielle Not oder Obdachlosigkeit sichtbare Formen von Armut sind, bleibt Einsamkeit oft verborgen – ein lautloser Schmerz, der in jeden Lebensbereich eindringt. Sie steckt in allen Facetten der Armut, sei es in der Obdachlosigkeit, der Altersarmut oder in anderen Formen sozialer Isolation.

Einsamkeit bedeutet, sich im Stich gelassen zu fühlen – von der Welt, von der Gemeinschaft, von der Familie. Doch noch gravierender ist, dass Einsamkeit Menschen ihrer Fähigkeit beraubt zu vertrauen. Wer allein ist, verliert oft das Vertrauen in Freunde, in Organisationen, die helfen wollen, und vor allem in sich selbst. Dieses fehlende Vertrauen wird zu einer unsichtbaren Mauer, die jede Möglichkeit auf Hilfe oder Veränderung blockiert.

Die Einsamkeit verändert die Seele der Betroffenen. Sie zersetzt das Selbstwertgefühl, macht das Leben grau und raubt die Kraft, weiterzumachen. Besonders schlimm ist es, wenn niemand da ist, der zuhört, der tröstet oder Hoffnung schenkt. Sie hinterlässt Narben, die weit über die körperliche oder finanzielle Not hinausgehen, und formt die Art, wie Menschen sich selbst und die Welt sehen.

In der Altersarmut etwa verbringen viele Menschen ihre Tage alleine, ohne soziale Kontakte, weil sie sich für ihre Situation schämen oder schlichtweg keine Familie mehr haben. Auch Obdachlose kämpfen mit diesem Gefühl. In einer Gesellschaft, die sie oft ignoriert oder verurteilt, sind sie unsichtbar – nicht nur für Passanten, sondern auch für soziale Strukturen, die ihnen helfen könnten.

Einsamkeit ist eine Wunde, die tief reicht. Sie verhindert, dass Menschen den Mut oder die Energie aufbringen, um Hilfe zu suchen oder Veränderungen in ihrem Leben anzustoßen. Wer einsam ist, fühlt sich oft wie auf einer Insel gestrandet, unerreichbar und verlassen. Diese Isolation wird zu einem Kreislauf, aus dem man allein nur schwer ausbrechen kann.

Wir müssen erkennen, dass Einsamkeit nicht nur ein individuelles Problem ist, sondern eine gesellschaftliche Herausforderung. Denn niemand sollte das Gefühl haben, auf dieser Welt völlig allein zu sein. Es ist unsere Verantwortung, Brücken zu bauen und das Vertrauen derer zurückzugewinnen, die durch die Einsamkeit verloren gegangen sind.

Die stille Not: Einsamkeit im Alter

Einsamkeit ist ein stiller Schmerz, der viele ältere Menschen begleitet – leise, unsichtbar, aber überwältigend. Es ist die Leere in einem Raum, der einst von Lachen und Gesprächen erfüllt war. Es ist das Warten auf ein klingelndes Telefon, das oft stumm bleibt. Einsamkeit ist eine Facette der Armut, die nicht mit Geld gemessen werden kann, sondern mit der Sehnsucht nach Nähe und Bedeutung.

Doch Einsamkeit darf nicht das letzte Kapitel im Leben sein.

Die Rengschburger Herzen haben es sich zur Aufgabe gemacht, genau hier Hoffnung zu schenken. Mit ihrem Seniorencafé schaffen sie einen Ort voller Wärme und Leben. Es ist mehr als ein Treffpunkt – es ist ein Stück Zuhause. Hier wird gespielt, gelacht und erzählt. Menschen, die oft nur

Stille kannten, erleben wieder Gemeinschaft. Eine helfende Hand, ein freundliches Lächeln und die Zeit, die hier geschenkt wird, bedeuten mehr als Worte je ausdrücken könnten.

Einsamkeit mag still sein, aber die Liebe, die sie durchbricht, ist laut und kraftvoll. Die Rengschburger Herzen zeigen, dass niemand vergessen ist und jeder ein Stück Geborgenheit verdient – gerade im Alter.

Verloren in der Stille

Ich treffe ihn an einem kühlen Herbstabend. Er sitzt auf einer Bank, den Blick ins Nichts gerichtet, während die Welt um ihn herum weiterzieht, als wäre er unsichtbar. Sein Name ist Karl, doch er sagt ihn mir erst nach einer langen Pause, als hätte er ihn selbst fast vergessen. Seine Worte sind spärlich, seine Stimme rau und müde.

Er spricht nicht gern, das merke ich sofort. Er beantwortet meine Fragen mit einsilbigen Sätzen, manchmal nur mit einem Nicken oder einem Schulterzucken. Seine Augen, grau und stumpf, meiden meinen Blick. Ich frage mich, wann er das letzte Mal wirklich mit jemandem geredet hat. Nicht oberflächlich, sondern so, dass es Bedeutung hatte.

Ich erzähle ihm von meinem Projekt, von den Menschen, die ich getroffen habe, von denen, die kämpfen und denen, die helfen. Er hört zu, aber er reagiert kaum. Als ich ihn frage, ob er seine Geschichte erzählen möchte, schüttelt er nur den Kopf. „Gibt nichts zu erzählen", sagt er tonlos.

Doch seine Erscheinung spricht eine andere Sprache. Die tiefen Falten in seinem Gesicht erzählen von kalten Nächten, von Jahren der Enttäuschung, von einer Welt, die ihn vergessen hat. Seine Haltung ist in sich gekehrt, seine Schultern hängen schwer, als trüge er eine unsichtbare Last, die niemand ihm abnehmen kann.

Ich spüre, dass er sich verschließt, dass er nicht will, dass jemand zu nahe kommt. Vielleicht aus Angst, vielleicht aus Gewohnheit. Einsamkeit kann wie eine Mauer sein – erst schützt sie, dann sperrt sie einen ein.

„Die Welt ist ein Dreckshaufen", murmelt er schließlich. „Jeder schaut nur auf sich. Und wenn du lang genug allein bist, merkst du irgendwann: Es ist besser so."

Ich will ihm widersprechen, will sagen, dass es nicht so sein muss. Doch ich sehe an seinem Blick, dass er längst zu einer anderen Wahrheit gekommen ist. Eine Wahrheit, die ihn hat verhärten lassen, die ihn hat verstummen lassen. Ich versuche es noch einmal, frage ihn, ob er irgendwo hingehen kann, ob es jemanden gibt, der auf ihn wartet.

Er schüttelt nur den Kopf. „Lass es gut sein", sagt er. Dann steht er auf, zieht seine abgetragene Jacke enger um sich und geht. Kein Abschied, kein Blick zurück.

Für einen Moment überlege ich, ihn zu fragen, ob ich ein Foto von ihm machen darf. Ich bin es gewohnt, mit Bildern Geschichten zu erzählen, Momente festzuhalten, die sonst unbemerkt vergehen. Doch dann lasse ich es. Es fühlt sich falsch an. Als würde ich ihm damit noch mehr nehmen, noch mehr von seiner Würde, die ihm ohnehin schon so oft abgesprochen wurde.

Als er sich erhebt, fällt mein Blick auf seine Hände. Seine Fingernägel sind lang, verschmutzt, die Haut darunter dunkel verfärbt. Ein kleines, aber deutliches Zeichen dafür, dass selbst die einfachste Körperpflege für ihn zur Herausforderung geworden ist. Vielleicht fehlt ihm ein Ort, vielleicht fehlt ihm die Kraft, vielleicht fehlt ihm längst der Wille.

Ich sehe ihm nach, lange, bis er in den dunklen Gassen verschwindet. Und ich frage mich, wie viele es gibt wie ihn. Menschen, die nicht nur vergessen wurden, sondern die

irgendwann selbst aufgehört haben, nach anderen Aus-
schau zu halten. Menschen, die so lange allein waren, dass
sie nichts anderes mehr kennen.

Und ich frage mich, ob es einen Moment gab, einen einzigen
Moment, in dem noch alles anders hätte kommen können.

HILFSORGANISATIONEN – HOFFNUNG UND UNTERSTÜT-ZUNG

Hilfsorganisationen sind oft die letzte Rettung für Menschen, die durch das soziale Netz gefallen sind. Sie bieten nicht nur praktische Hilfe wie warme Mahlzeiten, Kleidung oder medizinische Versorgung, sondern auch menschliche Wärme und ein Gefühl von Gemeinschaft. Organisationen wie die Bahnhofsmission, die Tafeln oder lokale Initiativen sind Leuchttürme der Hoffnung für viele, die in Not geraten sind. Und jede einzelne davon ist wichtig.

So wie die Bahnhofsmission, die etwa dafür sorgt, dass Obdachlose einen Ort haben, an dem sie sicher sind, sich ausruhen können und ein offenes Ohr finden.

Auch die Tafeln leisten einen unschätzbaren Beitrag, indem sie Lebensmittel an Bedürftige verteilen, die sonst keinen Zugang zu ausreichend Nahrung hätten.

In diesem Buch möchte ich mich auf meine eigenen Erfahrungen mit den Rengschburger Herzen e.V. und der Bahnhofsmission beschränken.

Begegnung mit wahren Helden – Mein erster Besuch in der Bahnhofsmission

Als ich Arno das erste Mal in die Bahnhofsmission in Regensburg begleitete, war es bereits nach 21 Uhr. Die Stadt schlief fast, doch die Bahnhofsmission war wach – ein kleiner Leuchtturm in der Dunkelheit, der für jene brannte, die nirgendwo sonst hinkönnen. Drinnen arbeiteten Tobi und Alexandra, zwei ehrenamtliche Helfer. Und obwohl ich viele Bahnhofsgegenden kenne, die selten einladend oder sicher wirken, war ich fasziniert, dass gerade sie sich für diesen Ort entschieden hatten.

Tobi war sofort sympathisch. Ein Kerl mit einem warmen Lächeln, das selbst die härtesten Schicksale für einen Moment leichter wirken lässt. Er strahlte eine angenehme Ruhe aus, während er einem Mann ein frisch belegtes

Sandwich überreichte. Dabei fragte er ihn nach seinem Tag und hörte geduldig zu, als dieser begann zu erzählen.

Alexandra hingegen überraschte mich auf ihre eigene Weise. Eine junge, attraktive Frau, wie man sie eher inmitten einer Clique von Freunden erwarten würde, nicht in einer Bahnhofsmission an einem späten Abend. Und doch war sie da, mit einer ansteckenden Freude, die die Atmosphäre aufhellte. Ich beobachtete, wie sie einem älteren Herrn einen Saft reichte und sich sichtlich mit ihm über eine kleine Anekdote aus seinem Leben freute. Ihr ehrliches Lachen schien den Mann für einen Moment von all seinen Sorgen zu befreien.

Ich setzte mich zu ihnen, sprach mit ihnen, hörte ihre Geschichten. Schnell wurde klar: Diese beiden waren mehr als nur Helfer – sie waren echte Helden. Menschen mit dem Herz am rechten Fleck, die wussten, was es bedeutet, selbstlos zu sein. Sie verzichteten auf ihre Freizeit, auf Komfort und Sicherheit, um anderen Hoffnung zu schenken.

Als ich an diesem Abend die Bahnhofsmission verließ, war ich tief beeindruckt. Diese beiden jungen Menschen waren der lebendige Beweis dafür, dass es wahre Helden gibt – und sie tragen keine Umhänge, sondern warme Herzen.

Ein Tropfen Hoffnung – Momente, die bleiben

Mit einem sanften Lächeln öffnet eine junge Frau die Flasche und reicht sie einem Unsichtbaren des Alltags.
Ein einfacher Fruchtsaft, etwas, das viele selbstverständlich genießen – und doch für ihn ein seltenes Geschenk. Die Flasche schimmert im kalten, grellen Bahnhofslicht, als ob sie mehr wäre als nur ein Getränk.
Ein Symbol des Wohlstands, der Gesundheit, der Fürsorge, die ihm oft verwehrt bleibt.

Seine Augen weiten sich, überrascht von dieser Geste, von diesem unerwarteten Moment, der etwas Leichtigkeit in einen ansonsten schweren Alltag bringt.
Fast ungeduldig streckt er die Hand aus, seine Freude kaum verbergend, und in diesem kurzen Augenblick scheint es,

als ob das kalte Leuchten ringsum verblasst.

Manchmal braucht es nicht mehr als eine Flasche Saft und ein offenes Herz, um ein Stückchen Würde und Menschlichkeit zurückzugeben.
Wenn es mehr Menschen wie dieses junge Mädchen gäbe – Menschen, die sich trotz ihrer eigenen Wege und Ziele für andere Zeit nehmen – wäre die Welt ein wärmerer Ort.
Solche Vorbilder zeigen uns, dass jede kleine Geste eine große Wirkung haben kann.

Die Rengschburger Herzen

Die *Rengschburger Herzen* gehen sogar noch einen Schritt weiter: Sie arbeiten nicht nur eng mit anderen Hilfsorganisationen zusammen und tauschen Lebensmittel aus, wo sie dringend gebraucht werden. Sie kümmern sich auch individuell um die Bedürfnisse der Ärmsten der Gesellschaft, dort wo sie benötigt wird, vor Ort. Für die Menschen, die sich das Nötigste kaum leisten können, für die selbst der Gang zum nächsten Supermarkt eine unüberwindbare Hürde darstellt mit ihrer „Tante Emma".

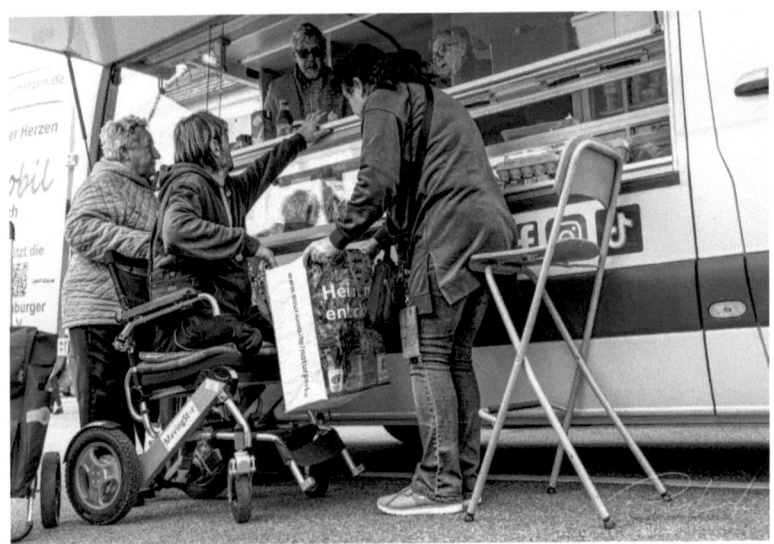

Das Tante Emma Mobil – Hilfe, die ankommt

Genau hier setzt das Tante Emma Mobil der Rengschburger Herzen an – ein rollender Hoffnungsschimmer für die Ärmsten unserer Heimat.

Wie einst die kleinen Tante-Emma-Läden versorgt das Mobil gezielt jene, die am Rand unserer Gesellschaft stehen. Es bringt Lebensmittel, Hygieneartikel und andere wichtige Dinge des täglichen Bedarfs direkt dorthin, wo sie am dringendsten gebraucht werden. Doch es ist weit mehr als nur eine Versorgungseinrichtung – es ist ein Ort der Begegnung, ein Stück Normalität, ein Lichtblick für Menschen, die oft vergessen werden.

Hier geht es nicht nur ums Geben, sondern auch ums Zuhören und Mut machen. Ein freundliches Gespräch, ein Lächeln, ein Moment, in dem sich jemand gesehen und respektiert fühlt – all das kann für jemanden, der in Armut lebt, von unschätzbarem Wert sein.

Das Tante Emma Mobil bringt nicht nur Nahrung, sondern auch Würde und Menschlichkeit dorthin, wo sie oft fehlen. Hinschauen statt wegsehen – denn echte Hilfe beginnt genau hier.

Hilfsorganisationen sind ein unverzichtbarer Teil unserer Gesellschaft. Ohne das Engagement der vielen Ehrenamtlichen und der Menschen, die Mitgefühl zeigen, wäre diese wertvolle Arbeit nicht möglich. Sie erinnern uns daran, dass jeder von uns in die Lage kommen könnte, Hilfe zu brauchen, und wie wichtig es ist, einander beizustehen.

Sie bringen Lebensmittel und wichtige Überlebensutensilien direkt zu den Menschen und das nicht nur zu gewöhnlichen Öffnungszeiten, sondern auch dann, wenn alle Geschäfte schon geschlossen haben.

Auch für die älteren Menschen haben die *Rengschburger Herzen* die passende Anlaufstelle geschaffen: ein eigenes Seniorencafé.

Dieser wertvolle Treffpunkt bietet Raum für Begegnung, Austausch und Gemeinschaft. Bei Spielenachmittagen, gemeinsamen Frühstücken und Entspannungsübungen können die Besucher Zeit miteinander verbringen, neue Kontakte knüpfen und schöne Momente genießen – und das alles kostenlos.

Das Seniorencafé – Ein Ort voller Leben und Lachen

Das Seniorencafé ist ein Ort, an dem die Einsamkeit für einige Stunden verschwindet. Die Senioren können sich austauschen, gemeinsam lachen und ihre Sorgen für eine Weile vergessen. Gerade für Menschen, die oft alleine zu Hause sitzen und wenig soziale Kontakte haben, ist dieses Angebot von unschätzbarem Wert. "Es tut so gut, wieder unter Leute zu kommen und das Gefühl zu haben, dass man willkommen ist," erzählt eine Besucherin.

Die Mitarbeiter und Ehrenamtlichen des Cafés sind stets darum bemüht, eine warme und einladende Atmosphäre zu schaffen. Von der liebevollen Dekoration bis hin zu selbst gebackenem Kuchen – alles zeigt, wie sehr den Helfern das Wohl der Senioren am Herzen liegt. Das Seniorencafé ist ein leuchtendes Beispiel dafür, wie wichtig es ist, Räume zu schaffen, die Gemeinschaft und Unterstützung fördern.

Ältere Menschen sind eine Bereicherung für unsere Gesellschaft, oft mehr, als wir uns bewusst machen. Sie sind Träger unzähliger Geschichten, von Lebenserfahrungen, die uns inspirieren und berühren können, und von einer Weisheit, die nur die Zeit schenken kann. Doch in einer Welt, die oft auf Jugendlichkeit und Schnelligkeit fokussiert ist, droht diese unschätzbare Quelle an Wissen, Erfahrung und Herzenswärme viel zu oft übersehen zu werden. Genau hier setzt das Seniorencafé an – ein Ort, der älteren Menschen den Raum gibt, ihre Lebensfreude zu teilen und die Wertschätzung zu erfahren, die sie verdienen.

Das Alter ist keinesfalls ein Hindernis für Lebensfreude. Ganz im Gegenteil: Es sind oft die reifen Jahre, die das Lachen am tiefsten und die Freude am reinsten machen. Mit der Zeit wächst die Fähigkeit, die kleinen Dinge im Leben zu schätzen, das Wesentliche zu erkennen und die Leichtigkeit in Momenten zu finden, die andere vielleicht übersehen. Und genau diese Leichtigkeit, gepaart mit der Fülle an

Lebenserfahrung, macht Begegnungen mit älteren Menschen so besonders und wertvoll.

Das Seniorencafé ist ein Ort, an dem diese Lebensfreude erstrahlen kann. Hier werden keine Grenzen durch das Alter gezogen – stattdessen stehen Begegnung, Austausch und Gemeinschaft im Mittelpunkt. Es ist ein Raum, in dem ältere Menschen einfach sie selbst sein können: voller Herzenswärme, Humor und Lebendigkeit.

Hier wird deutlich, wie viel ältere Menschen der Welt noch zu geben haben. Sie erzählen Geschichten, die berühren, geben Ratschläge, die aus dem Leben selbst geschöpft sind, und zeigen, dass ein Lachen – ein echtes, von Herzen kommendes Lachen – niemals vom Alter abhängt. Es ist ein Ausdruck von Lebensfreude, der in jedem Menschen steckt, egal wie viele Jahre hinter ihm liegen.

Das Seniorencafé erinnert uns daran, dass Altern kein Verlust ist, sondern eine Bereicherung. Jeder Mensch trägt in sich eine einzigartige Welt voller Erfahrungen, Erinnerungen und Träume, die auch im Alter noch lebendig sind. Indem wir diesen Menschen zuhören und Zeit mit ihnen verbringen, gewinnen wir selbst neue Perspektiven und bereichern unser eigenes Leben.

Das Seniorencafé ist mehr als ein Treffpunkt – es ist ein Ort der Begegnung, des Lachens und der Wertschätzung. Es zeigt, dass das Alter nicht das Ende von Lebensfreude ist, sondern eine neue Tiefe und Schönheit darin entstehen lässt. Denn Lebensfreude kennt kein Alter. Sie ist zeitlos. Und sie verbindet uns alle.

Die Geschichte von Alois – Ein Leben voller Höhen und Tiefen

Alois ist 94 Jahre alt, ein Mann mit einem Leben, das reich an Erfahrungen, Herausforderungen und unvergesslichen Momenten ist. Aufgewachsen in Schlesien, in einfachen, aber glücklichen Verhältnissen, war er ein aufgeweckter und lebensfroher Junge. Seine Kindheit war geprägt von einer tiefen Verbundenheit zur Natur, von Streifzügen durch Felder und Wälder, vom Spielen auf staubigen Dorfstraßen und von der Wärme eines bescheidenen, aber liebevollen Zuhauses. Seine Erinnerungen an diese Zeit sind wie ein heller Lichtstrahl in einer Welt, die sich bald verdunkeln sollte.

Mit 14 Jahren endete jedoch die unbeschwerte Kindheit abrupt, als der Krieg ausbrach und das Leben der Familie völlig auf den Kopf stellte. Hitler holte alle deutschen Familien aus Schlesien zurück, und Alois' Familie musste alles aufgeben. Was sie nicht tragen konnten, ließen sie zurück – ein ganzes Leben passte plötzlich in ein paar Koffer. Der Weg in die "Heimat" war alles andere als ein neues Zuhause. Es war der Beginn eines unheilvollen Lebens voller Angst und Unsicherheit.

Die erste Station war ein Bauernhof im heutigen Tschechien, ein Ort des Übergangs und der Not, bevor die Familie auf Umwegen nach Regensburg kam. Hier begannen sie ein neues Leben. Doch die Schrecken des Krieges ließen tiefe Spuren, und die Anpassung an das neue Leben war ein langer, harter Weg.

Alois begann früh zu arbeiten, um die Familie zu unterstützen. Seine erste Anstellung fand er bei der Bahn, wo er

Gleise für die heutige Infrastruktur baute. Ein Knochenjob, der harte körperliche Arbeit verlangte, aber auch eine wichtige Aufgabe, die Alois mit Stolz erfüllte. Er war Teil des Wiederaufbaus und half, das Land aus der Asche des Krieges zu erheben.

Mit den Jahren fand Alois auch persönliches Glück. Er heiratete und wurde Vater eines Sohnes. Diese Zeit war für ihn die glücklichste. Gemeinsam mit seiner Frau baute er ein Zuhause auf, voller Wärme und Liebe. Doch das Leben hatte auch seine dunkelsten Tage für ihn parat. Der Tod seines Sohnes im Alter von 69 Jahren brach ihm das Herz. Für Alois war es das Schlimmste, sein Kind zu verlieren – ein Schmerz, der nicht vergeht. Auch der Verlust seiner Frau, die vor einigen Jahren schwerkrank wurde und starb, war eine Tragödie, aber nichts schmerzte so tief wie der Verlust seines Sohnes.

Heute lebt Alois allein in seiner Wohnung, nicht weit vom Seniorencafé entfernt. Zweimal die Woche kommt er dorthin, und diese Besuche sind der Höhepunkt seines Alltags. Hier findet er Freude und Gemeinschaft, das Lachen mit alten Freunden und die Schafkopfrunden, die sein Herz erfüllen. Und mit einem verschmitzten Lächeln sagt Alois: "Der Umgang mit den jungen hübschen Damen lässt mich den jugendlichen Leichtsinn wieder spüren. Der Sex wird zwar irgendwann weniger, aber die Liebe bleibt – die Liebe bleibt immer."

Dank den Rengschburger Herzen haben Alois und viele andere Senioren einen Ort, an dem sie sich geborgen fühlen können, an dem sie Lachen, Gespräche und Zusammenhalt erleben. Das Seniorencafé ist weit mehr als nur eine Anlaufstelle – es ist ein Platz voller Herzlichkeit, Wertschätzung und Lebensfreude. Es ist ein Ort, der zeigt, dass das Alter nicht das Ende ist, sondern eine Zeit, in der man trotz allem Lebensmut und Gemeinschaft finden kann.

WAHRE HELDEN – DIE EHRENAMTLICHEN HELFER

Hinter jeder erfolgreichen Hilfsorganisation stehen Menschen, die unermüdlich und oft im Verborgenen Großes leisten: die ehrenamtlichen Helfer.

Ihr Einsatz ist unbezahlbar, denn ohne ihre selbstlose Hingabe wären viele Projekte nicht realisierbar. Sie spenden ihre Zeit, ihre Energie und oft auch ihre eigenen Mittel, um anderen zu helfen.

Ob es darum geht, Lebensmittel bei der Tafel zu verteilen, warme Kleidung an Bedürftige auszugeben oder Gespräche zu führen, die Trost und Hoffnung schenken – die ehrenamtlichen Helfer sind das Herzstück jeder Hilfsorganisation. Viele von ihnen arbeiten nicht nur, sondern leben ihre Aufgabe. Sie sind da, wenn jemand sie braucht, oft auch spät abends oder an Feiertagen, wenn andere sich ausruhen.

Ihr Engagement hat eine unglaubliche Strahlkraft. Es zeigt, dass Mitgefühl und Solidarität in einer Gesellschaft immer noch ihren Platz haben. Dabei werden die Helfer selbst oft zu stillen Helden, die nicht im Rampenlicht stehen wollen, sondern aus reiner Überzeugung handeln. Ihr selbstloses Tun erinnert uns daran, wie wichtig es ist, Menschlichkeit zu bewahren – gerade in einer Welt, die oft kalt und anonym wirkt.

Längst ist ihr Einsatz keine soziale Hilfestellung mehr, sondern zum Lebenswerk geworden, dass sie nach außen tragen.

Ein Tattoo als Zeichen der Hingabe – Das Team der Rengschburger Herzen

Das Team der Rengschburger Herzen gibt alles für die großartige Sache, für die sie stehen. Doch ihr Engagement geht weit über das hinaus, was man mit Worten oder Taten beschreiben könnte. Sie packen nicht nur tatkräftig mit an, sondern tragen ihre Überzeugung auch im wahrsten Sinne des Wortes auf der Haut.

Sylvie und Flo haben sich das Logo der Rengschburger Herzen tätowieren lassen – eine Entscheidung, die nichts mit spontaner Begeisterung zu tun hat, sondern mit tief empfundener Anerkennung und Respekt. Denn ein Tattoo ist keine flüchtige Geste, kein einfacher Handschlag oder ein beiläufiges "Danke". Es ist etwas Bleibendes, etwas Persönliches, das man für immer mit sich trägt.

Das Besondere daran: Die Tattoos wurden am Geburtstag von Arno gestochen, dem Gründer und Herz der Organisation. Es war ihr Geschenk an ihn – und gleichzeitig ein überwältigender Ausdruck der Wertschätzung für seinen Einsatz und seine Vision. Arno hatte von diesem Plan nichts geahnt, und als sein Team ihm die frisch gestochenen Tattoos zeigte, war er sichtlich gerührt.

Dieser Moment ging weit über das hinaus, was Worte beschreiben können. Es war ein Zeichen der Verbundenheit, das unter die Haut ging – im wahrsten Sinne. Es hat Arno so begeistert, dass er sich selbst auch das Logo hat stechen lassen. Für das Team bedeutete das Tattoo nicht nur die Zugehörigkeit zu einer Organisation, sondern auch das Versprechen, immer für die Schwächsten da zu sein und die Werte der Rengschburger Herzen zu leben.

Eine solche Geste ist keine Tat, die man "einfach mal so" macht. Sie zeugt von der tiefen Überzeugung, dass das, wofür sie kämpfen, richtig und wichtig ist. Es zeigt, dass diese Menschen nicht nur helfen, sondern ihre Aufgabe aus ganzem Herzen leben.

Das Tattoo ist nicht nur ein Symbol – es ist ein Versprechen, das sie jeden Tag aufs Neue einlösen. Ein Versprechen, das beweist, wie sehr dieser Einsatz von Zusammenhalt, Leidenschaft und einer unglaublichen Hingabe getragen wird.

Eindrücke der Zusammenarbeit

Herzlichkeit und Zusammenhalt

Es gibt Orte, an denen Glück und Unglück so eng beieinanderliegen, dass es fast greifbar wird. Orte, an denen das Schicksal sichtbar seine Karten neu mischt – oft ungerecht, oft gnadenlos. Doch es gibt auch Menschen, die sich diesem Schicksal entgegenstellen. Nicht mit großen Reden oder leeren Versprechen, sondern mit Taten, mit Herz, mit einer ganz besonderen Gabe: der Gabe, da zu sein.

Wenn ich die ehrenamtlichen Helfer beobachte, spüre ich etwas, das mich jedes Mal tief berührt. Es ist nicht bloß Engagement, nicht Mitleid – es ist eine Selbstverständlichkeit. Sie helfen, weil es für sie keine andere Möglichkeit gibt. Nicht, weil sie es müssen, sondern weil sie es wollen, weil es für sie richtig ist.

Da ist Sylvie, immer mit einem Lächeln auf dem Gesicht. Sie ist fast täglich hier, um zu helfen. Man sieht ihr die Dankbarkeit, die sie empfindet, indem sie selbstlos gibt, deutlich an. Sie ist wahrhaft eine Perle, wertvoll und bezaubernd für die, die es wertzuschätzen wissen.

Da ist Flo, der in seiner Heimat Stuttgart alle Brücken abgerissen hat. Er hat sein Unternehmen verkauft, seine Wurzeln hinter sich gelassen und ist mit Kind und Kegel nach Regensburg gezogen – nicht aus einem Zufall heraus, sondern aus einer Überzeugung. Bei einem Urlaub hat er miterlebt, was die Rengschburger Herzen leisten. Diese Erfahrung hat ihn nicht mehr losgelassen. Heute ist er hier, nicht als Beobachter, sondern als Teil dieser Gemeinschaft.

Doch es ist nicht nur die Hilfe für andere, die diesen Ort so besonders macht. Es ist auch der Umgang der Helfer untereinander. Hier ein Spaß, dort ein lustiger Spruch – die Atmosphäre ist leicht, familiär. Man versteht sich oft ohne Worte, denn hier herrscht eine Menschlichkeit, die selbstverständlich scheint. Jeder weiß, dass es nicht immer einfach ist, doch niemand trägt diese Last allein.

Ein humorvoller Seitenhieb, ein freundschaftliches Schulterklopfen – kleine Gesten, die zeigen: Wir stehen zusammen. Eine dampfende Tasse Kaffee, die wortlos auf den Tisch gestellt wird, wenn jemand gerade erschöpft wirkt. Eine sanfte Hand auf dem Rücken, wenn die Emotionen zu viel werden. Ein wissender Blick, der in einem schwierigen Moment sagt: „Ich sehe dich." Ein Lächeln, das mehr bedeutet als tausend Worte – ein Lächeln, das aufrichtet, das Hoffnung gibt.

Wenn die Erschöpfung spürbar wird, gibt es eine Hand, die unauffällig mit anpackt. Wenn jemand in Gedanken versunken ist, wird ihm leise etwas zu trinken hingestellt. Ein warmer Händedruck, wenn Worte fehlen. Ein kurzer, ehrlicher Moment des Innehaltens, in dem zwei Menschen sich einfach nur anschauen und wissen: Wir machen hier etwas Wertvolles.

Und wenn einer von ihnen ausnahmsweise einen schlechten Tag hat, ist da immer jemand, der es bemerkt, der ihn beiseitenimmt und sagt: „Komm, wir machen kurz Pause." Diese kleinen Gesten sind unsichtbare Fäden, die sie zusammenhalten, die ihnen die Kraft geben, weiterzumachen.

Denn Hilfe beginnt nicht erst dort, wo die Not sichtbar ist. Sie beginnt in den Momenten, in denen sich jemand gesehen, gehört und verstanden fühlt. Und genau das geschieht hier – jeden Tag, in jeder kleinen Geste.

Diese Menschen haben eine Kraft, die sich nicht in Zahlen messen lässt. Eine Energie, die aus tiefster Überzeugung kommt. Sie schenken Wärme, wo es kalt ist. Sie lachen, wo Hoffnung fast verloren scheint. Sie haben das Glück darin gefunden, anderen zu helfen. Und dieses Glück ist ansteckend.

Wer hier einmal steht, wer erlebt, mit welcher Leichtigkeit, mit welchem Humor und mit welcher unerschütterlichen Menschlichkeit geholfen wird, der versteht, dass Glück nicht bedeutet, viel zu haben. Glück ist das, was sie geben. Glück ist das, was sie ausstrahlen. Und wenn das Unglück dieser Welt auch noch so schwer auf den Schultern mancher Menschen lastet – hier, an diesem Ort, wird es für einen Moment leichter.

Diese Gemeinschaft ist ein Vorbild einer Gesellschaft, wie sie sein sollte: getragen von Solidarität, Menschlichkeit und der einfachen Wahrheit, dass man gemeinsam mehr erreicht als allein.

Hier begegnen sich Glück und Unglück. Und das Glück, das diese Helfer in sich tragen, lässt mich glauben, dass Menschlichkeit am Ende doch eine größere Kraft besitzt als das Schicksal selbst.

Helfer mit besonderer Stärke

Ein weiterer bemerkenswerter Aspekt vieler ehrenamtlicher Helfer ist ihre persönliche Geschichte. Viele von ihnen haben selbst schwere Zeiten durchlebt, sei es Armut, Obdachlosigkeit, Krankheit oder Verlust. Gerade diese Erfahrungen prägen ihre Arbeit und machen sie zu außergewöhnlichen Unterstützern. Sie können das Leid der Hilfesuchenden nachvollziehen, weil sie es selbst durchgemacht haben.

Ein Helfer erzählt, dass er jahrelang mit einer Sucht kämpfte und schließlich alles verlor. Erst durch die Unterstützung anderer fand er wieder ins Leben zurück. Heute hilft er Menschen, die in der gleichen Spirale gefangen sind, und gibt ihnen nicht nur Hoffnung, sondern auch konkrete Perspektiven.

Wenn Schmerz verbindet – Hilfe aus den Tiefen des Lebens

Die Narben an seinem Arm erzählen Geschichten – Geschichten von Schmerz, von Kämpfen, die er einst allein ausgefochten hat. Jetzt steht er hier, mit einer Hand, die selbst noch die Spuren des eigenen Leids trägt, und gibt einem anderen Menschen etwas, das in diesem Moment mehr bedeutet als bloße Nahrung. Ein paar Schokoriegel, ein kleiner Trost in einem ansonsten harten Leben.

Die Hand des Obdachlosen, notdürftig in einen Verband gewickelt, streckt sich entgegen. Zwei Menschen, die auf unterschiedliche Weise gebrochen wurden, finden in diesem Moment zueinander. Sie teilen den Schmerz, den nur diejenigen verstehen können, die selbst durch die Dunkelheit gegangen sind.

Es ist, als ob nur diejenigen, die selbst gelitten haben, die Last eines anderen wirklich sehen und tragen können. Denn Hilfe kommt oft von jenen, die wissen, was es heißt, am Rand zu stehen – jene, die selbst zu kämpfen hatten und nun die Hand ausstrecken, um jemand anderen zu stützen.

WIE KANN MAN DIE IMMER WEITER STEIGENDE ARMUT AUFHALTEN?

1. Die Verantwortung der Politik

Die Bekämpfung von Armut ist keine Aufgabe, die von Einzelpersonen oder Hilfsorganisationen allein bewältigt werden kann. Es bedarf eines klaren politischen Willens, umfassender Strategien und konsequenter Entscheidungen, um die Facetten der Armut nachhaltig zu bekämpfen. Politische Verantwortungsträger stehen in der Pflicht, Rahmenbedingungen zu schaffen, die Menschen in Not eine Perspektive bieten, soziale Ungleichheit reduzieren und die Würde jedes Einzelnen wahren.

I. Soziale Sicherheit stärken – Ein würdiges Leben ermöglichen

Ein entscheidender Schritt im Kampf gegen Armut ist die Verbesserung der sozialen Sicherungssysteme. Politik muss sicherstellen, dass niemand durch das soziale Netz fällt. Hierzu gehören:

- **Erhöhung der Grundsicherung:** Sozialleistungen wie Bürgergeld oder Grundrenten müssen bedarfsorientiert angepasst werden, um nicht nur das physische Überleben zu sichern, sondern ein Leben in Würde zu ermöglichen.

- **Wohnungssicherung:** Der Schutz vor Wohnungslosigkeit muss Priorität haben. Mietobergrenzen und ein umfassendes Programm für sozialen Wohnungsbau sind essenziell, um die steigenden Mieten einzudämmen und bezahlbaren Wohnraum zu schaffen.

- **Anpassung an Inflation:** Sozialleistungen müssen regelmäßig und automatisch an die Inflationsrate angepasst werden, um reale Kaufkraftverluste zu vermeiden.

II.   Zugang zu Bildung und Chancengleichheit fördern

Armut wird oft von Generation zu Generation weitergegeben. Um diesen Kreislauf zu durchbrechen, muss die Politik in Bildung investieren:

- **Kostenfreie Bildung:** Von der Kita bis zur Hochschule sollten Bildung und Betreuung für alle kostenfrei zugänglich sein. Bildung darf kein Privileg sein, sondern muss für jeden zugänglich sein, unabhängig von der Herkunft.

- **Schulsozialarbeit ausbauen:** Schulen in sozialen Brennpunkten benötigen zusätzliche Unterstützung durch Sozialarbeiter und Psychologen, um Schülern in schwierigen Lebenssituationen zu helfen.

- **Berufliche Qualifikation fördern:** Programme zur Weiterbildung und Umschulung für Arbeitslose müssen intensiviert werden, um Menschen neue Perspektiven auf dem Arbeitsmarkt zu eröffnen.

- **Potenziale im eigenen Land nutzen:** Es ist wichtig, dass die Politik den Fokus stärker darauf legt, das Potenzial von Menschen im eigenen Land zu fördern. Obwohl Fachkräfte aus dem Ausland für einige Branchen notwendig sind, wird oft übersehen, wie viele Menschen hierzulande durch gezielte Bildung und Qualifizierungsprogramme ausgebildet und unterstützt werden könnten. Arbeitslose, Geringqualifizierte und junge Menschen ohne Perspektive könnten durch maßgeschneiderte Programme zu den Fachkräften von morgen werden. Dies wäre nicht nur ein Gewinn für die Wirtschaft, sondern würde auch soziale Ungleichheiten abbauen.

III.   Arbeitsmarkt gerechter gestalten

Viele Menschen, die von Armut betroffen sind, haben einen Job – aber das Einkommen reicht nicht zum Leben. Hier sind politische Reformen notwendig:

- **Mindestlohn anheben:** Ein armutsfester Mindestlohn ist unverzichtbar, um Menschen aus der Erwerbsarmut zu holen.

- **Faire Arbeitsbedingungen:** Politische Maßnahmen gegen prekäre Beschäftigung, befristete Arbeitsverträge und Scheinselbstständigkeit müssen durchgesetzt werden.

- **Förderung sozialer Unternehmen:** Staatliche Unterstützung für Unternehmen, die bewusst Menschen aus schwierigen Verhältnissen beschäftigen, könnte einen großen Unterschied machen.

IV. Gesundheitssystem für alle zugänglich machen

Armut und Krankheit gehen oft Hand in Hand. Die Politik muss sicherstellen, dass alle Menschen Zugang zu einer umfassenden Gesundheitsversorgung haben:

- **Kostenfreie medizinische Versorgung:** Niemand sollte darauf verzichten müssen, zum Arzt zu gehen, weil er sich die Kosten nicht leisten kann.

- **Psychische Gesundheit fördern:** Gerade bei Menschen in Armut ist die psychische Belastung enorm hoch. Der Ausbau von kostenfreien Therapieangeboten und Präventionsprogrammen ist daher essenziell.

V. Obdachlosigkeit aktiv bekämpfen

Die Zahl der obdachlosen Menschen steigt, obwohl Wohnraum ein Grundrecht ist. Politik muss hier gezielte Maßnahmen ergreifen:

- **Housing-First-Programme:** Die Bereitstellung von Wohnraum sollte der erste Schritt sein, bevor weitere Hilfen wie soziale und berufliche Unterstützung folgen.

- **Niedrigschwellige Hilfen:** Notunterkünfte, Tagesstätten und medizinische Versorgung für obdachlose Menschen müssen ausgebaut werden, um den Zugang zur Hilfe zu erleichtern.

VI. Steuer- und Finanzpolitik gerechter gestalten

Die Umverteilung von Reichtum ist ein zentraler Aspekt, um die wachsende Kluft zwischen Arm und Reich zu verringern:

- **Schlupflöcher schließen:** Steuervermeidung und Grauzonen müssen konsequent bekämpft werden.

- **Investitionen in den Sozialstaat:** Zusätzliche Einnahmen oder Einsparungen sollten gezielt in soziale Projekte, Bildung und den Wohnungsbau fließen.

VII. Gesellschaftliches Umdenken fördern

Die Politik kann und sollte auch Initiativen starten, um das gesellschaftliche Bewusstsein für Armut und soziale Gerechtigkeit zu schärfen:

- **Aufklärungskampagnen:** Menschen über die Ursachen und Auswirkungen von Armut zu informieren, kann Vorurteile abbauen und Mitgefühl fördern.

- **Förderung von Ehrenamt:** Durch steuerliche Vorteile oder direkte Unterstützung könnte das Engagement von Freiwilligen und Hilfsorganisationen gestärkt werden.

Ein Ziel, das gemeinsam erreicht werden kann

Politische Entscheidungen allein können Armut nicht vollständig beseitigen, aber sie können die Grundlagen schaffen, um echte Veränderungen zu ermöglichen. Es braucht Mut, Visionen und den Willen, sich für die Schwächsten der Gesellschaft einzusetzen. Maßnahmen, die in soziale Sicherheit, Bildung und Gerechtigkeit investieren, sind keine Kosten – sie sind eine Investition in eine menschlichere, solidarischere Zukunft.

Besonders wichtig ist, dass wir das Potenzial innerhalb unserer Gesellschaft erkennen und nutzen. Menschen in Armut, mit wenig Chancen oder mit schwierigen Lebensläufen können durch gezielte Unterstützung wieder aktiv am Arbeitsmarkt und in der Gesellschaft teilhaben. Statt Fachkräfte primär aus dem Ausland zu holen, sollten wir hier den ersten Schritt machen. Nur mit einem Zusammenspiel aus Politik, Zivilgesellschaft und individuellen Initiativen können wir die Facetten der Armut überwinden und ein gerechteres Leben für alle schaffen.

2. Bildung für die Zukunft – Finanzielle Bildung und lebensnahe Lehrinhalte in Schulen

Das Schulwesen ist der Grundpfeiler, auf dem unsere Gesellschaft ihre Zukunft aufbaut. Doch wenn man sich die aktuellen Lehrpläne anschaut, wird schnell deutlich, dass sie oft nicht die Herausforderungen der heutigen Zeit widerspiegeln. Finanzielle Bildung, praktische Fähigkeiten und lebensnahe Inhalte kommen viel zu kurz, obwohl sie essenziell sind, um jungen Menschen die Werkzeuge für ein eigenverantwortliches und sicheres Leben an die Hand zu geben.

I. Finanzielle Bildung als Grundpfeiler

In einer Welt, in der finanzielle Entscheidungen zunehmend komplexer werden, ist es unverständlich, dass finanzielle Bildung in den meisten Schulen keinen festen Platz hat. Schüler verlassen die Schule oft ohne grundlegendes Wissen über:

- Haushaltsführung: Wie man ein Budget erstellt, mit Geld umgeht und Rücklagen bildet.

- Verträge und Kredite: Die Gefahren von Überschuldung und der Umgang mit Konsumkrediten oder Handyverträgen.

- Anlagen und Altersvorsorge: Grundlagen über Sparpläne, Investments und die Bedeutung der Altersvorsorge.

- Steuerpflichten: Wie man eine Steuererklärung macht und welche Rechte und Pflichten Arbeitnehmer haben.

Dieses Wissen wird oft vorausgesetzt, sobald junge Erwachsene in das Berufsleben starten. Doch wo sollen sie es lernen, wenn nicht in der Schule? Ohne diese Grundlage laufen viele Gefahr, in finanzielle Schwierigkeiten zu geraten, die leicht vermeidbar gewesen wären.

II. Praxis statt Theorie – Lernen für das echte Leben

Im Informationszeitalter hat sich die Art und Weise, wie Kinder lernen, stark verändert. Plattformen wie YouTube, TikTok und Co. bieten in wenigen Minuten praktische Tipps und lebensnahe Anleitungen, die oft weit mehr Bezug zur Realität haben als ein ganzes Schuljahr. Kinder lernen dort, wie sie einfache Reparaturen durchführen, kochen oder sogar Überlebensstrategien anwenden. Die Schulen hingegen vermitteln häufig überholte Inhalte, die im Alltag kaum Anwendung finden.

Was fehlt, sind Fächer, die auf die heutigen Lebensrealitäten vorbereiten:

- Grundlagen der Technik: Ein Basisverständnis für digitale Geräte, Software und Programmierung.

- Gesundheitsbildung: Wissen über Ernährung, Bewegung und psychische Gesundheit.

- Rechtliches Grundwissen: Grundlegende Informationen über Rechte und Pflichten, Verträge und Datenschutz.

- Emotionale Intelligenz: Der Umgang mit Konflikten, Stressbewältigung und die Förderung von Empathie.

III. Anpassung an das digitale Zeitalter

Kinder wachsen heute in einer Welt auf, die sich rasant verändert. Digitale Kompetenzen und kritisches Denken sind unerlässlich, um sich in der Informationsflut zurechtzufinden.

Schulen sollten:

- Medienkompetenz fördern: Schüler lernen, Informationen kritisch zu bewerten, Fake News zu erkennen und verantwortungsvoll mit sozialen Medien umzugehen.

- Digitale Tools einbinden: Der Einsatz moderner Lernplattformen und interaktiver Technologien sollte den Unterricht bereichern.

- Projektarbeit statt Frontalunterricht: Praxisnahe Projekte, bei denen Schüler selbst recherchieren, organisieren und präsentieren, fördern Eigenverantwortung und Teamarbeit.

IV. Der Mensch im Mittelpunkt

Neben finanziellen und digitalen Kompetenzen darf nicht vergessen werden, dass Schule vor allem eines sein sollte: ein Ort, an dem Menschen ihre Persönlichkeit entfalten können. Statt starrer Lehrpläne braucht es mehr Flexibilität, um auf die Interessen und Stärken der Schüler einzugehen.

- Individuelle Förderung: Jedes Kind hat andere Talente – Schulen sollten sich darauf konzentrieren, diese zu entdecken und zu fördern.

- Kritisches Denken stärken: Statt nur Wissen zu vermitteln, sollten Lehrer Schüler dazu anregen, Dinge zu hinterfragen und eigene Meinungen zu entwickeln.

- Lebensfreude bewahren: Der Druck durch Noten und Prüfungen darf nicht dazu führen, dass die Freude am Lernen verloren geht. Schulen sollten Lernräume schaffen, die Mut machen, Fehler zu machen und daraus zu lernen.

V. Was getan werden muss

Um Schulen auf die Anforderungen der modernen Welt auszurichten, braucht es:

- Reform der Lehrpläne: Finanzielle Bildung, Medienkompetenz und praktische Lebensfertigkeiten müssen verpflichtende Bestandteile werden.

- Fortbildung für Lehrkräfte: Lehrer müssen regelmäßig geschult werden, um mit den Entwicklungen in Wirtschaft, Technik und Gesellschaft Schritt zu halten.

- Mehr Autonomie für Schulen: Schulen sollten mehr Entscheidungsfreiheit erhalten, um auf die Bedürfnisse ihrer Schüler einzugehen.

- Zusammenarbeit mit der Wirtschaft: Kooperationen mit Unternehmen und Experten könnten praxisnahes Wissen in die Schulen bringen.

Ein Schritt in eine bessere Zukunft

Die Schule sollte ein Ort sein, der Kinder nicht nur auf Prüfungen, sondern auf das Leben vorbereitet. Es ist höchste Zeit, dass finanzielle Bildung, praktische Fähigkeiten und lebensnahe Inhalte einen festen Platz im Unterricht finden. Wenn Schulen es schaffen, sich den Herausforderungen der modernen Welt anzupassen, werden sie zu einem echten Sprungbrett für ein erfolgreiches und selbstbestimmtes Leben.

Denn die Frage ist nicht, ob wir es uns leisten können, die Schule zu reformieren – die Frage ist, ob wir es uns leisten können, es nicht zu tun.

3. Die Verantwortung der Gesellschaft: Gemeinsam gegen die Facetten der Armut

Armut ist nicht nur ein Thema für politische Entscheidungsträger oder gemeinnützige Organisationen – sie ist ein Spiegel unserer Gesellschaft. Sie zeigt, wie wir miteinander umgehen, wie wir helfen und wie solidarisch wir sind. Jede*r Einzelne von uns kann dazu beitragen, die Facetten der Armut zu bekämpfen. Es beginnt mit Bewusstsein, führt über Engagement und endet mit einer klaren Botschaft: Solidarität ist nicht saisonal.

I.   Eigenverantwortung: Bildung und Bewusstsein schaffen

Die erste Verantwortung liegt bei uns selbst. Sich mit den Ursachen und Auswirkungen von Armut auseinanderzusetzen, ist der Schlüssel zu nachhaltiger Veränderung.

- Informieren statt ignorieren: Wissen, was Armut in der Heimat bedeutet, wie sie aussieht und warum sie existiert, ist essenziell. Bücher, Dokumentationen oder der Austausch mit Organisationen können ein tieferes Verständnis schaffen.

- Mit offenen Augen durchs Leben gehen: Armut ist oft näher, als wir denken. Sie zeigt sich nicht immer offensichtlich – manchmal ist es die alleinerziehende Mutter in der Nachbarschaft oder der ältere Herr, der jeden Cent umdrehen muss.

II. Unterstützung durch Engagement und Mitwirkung

Sich einer Sache anzuschließen, ist ein aktiver Schritt in die richtige Richtung. Organisationen wie die *Rengschburger Herzen* oder andere Hilfsprojekte leisten wertvolle Arbeit, die ohne die Unterstützung der Gesellschaft nicht möglich wäre.

- Zeit schenken: Freiwillige Arbeit in Tafeln, Kleiderkammern oder sozialen Einrichtungen kann einen direkten Unterschied machen. Jeder Moment, den wir investieren, gibt Menschen Hoffnung und zeigt, dass sie nicht alleine sind.

- Talente einbringen: Ob durch handwerkliche Fähigkeiten, Beratung oder kreative Projekte – jede Fähigkeit kann helfen, andere zu unterstützen.

III. Ganzjährige Hilfe statt einmaliger Spenden

Spendenaufrufe zu Weihnachten oder anderen Anlässen sind wichtig, aber sie sollten nicht die einzige Form der Unterstützung sein. Hilfe wird das ganze Jahr über benötigt.

- Regelmäßige Spenden: Auch kleine, monatliche Beträge können Organisationen langfristig unterstützen und Planungssicherheit geben.

- Gebrauchte Dinge teilen: Kleidung, Spielzeug, Möbel oder Lebensmittel, die wir nicht mehr brauchen, können für andere von unschätzbarem Wert sein.

- Nachhaltige Partnerschaften: Wer sich langfristig an eine Organisation bindet – sei es durch Mitgliedschaft, Patenschaften oder regelmäßige Hilfe – schafft eine verlässliche Grundlage.

IV. Tägliche gute Taten – wie ein Pfadfinder handeln

Es muss nicht immer die große Geste sein, die einen Unterschied macht. Oft reichen kleine, alltägliche Taten:

- Ein Lächeln schenken: Freundlichkeit und Respekt können Türen öffnen, die sonst verschlossen bleiben.

- Ein offenes Ohr haben: Manche Menschen brauchen mehr als materielle Hilfe – sie brauchen jemanden, der zuhört und versteht.

- Hilfe im Kleinen anbieten: Die ältere Nachbarin beim Einkaufen unterstützen, einem Kind Nachhilfe geben oder den Obdachlosen mit einer warmen Mahlzeit versorgen.

V. Lokale Hilfe stärker in den Fokus rücken

Viele Spenden fließen in ferne Länder, was wichtig und notwendig ist. Doch auch vor unserer eigenen Haustür gibt es Menschen, die Unterstützung brauchen.

- Heimat zuerst? Nein – aber mitbedenken: Hilfe in der Ferne darf nicht auf Kosten der Hilfe vor Ort gehen. Beides ist wichtig und sollte ausgewogen gefördert werden.

- Bewusstsein für regionale Probleme schaffen: Öffentlichkeitsarbeit, wie Projekte oder Aktionen, die Armut in der Heimat sichtbar machen, sind entscheidend, um Aufmerksamkeit und Ressourcen zu lenken.

VI.   Solidarität als Lebensstil – nicht als Ausnahme

Es geht darum, Solidarität als Teil unseres Alltags zu begreifen. Sie sollte nicht nur eine einmalige Aktion sein, um das eigene Gewissen zu beruhigen, sondern eine Haltung, die unser Handeln bestimmt.

- Den eigenen Konsum hinterfragen: Fair gehandelte Produkte kaufen, auf Verschwendung verzichten und lokale Anbieter unterstützen, hilft nicht nur der Umwelt, sondern auch Menschen vor Ort.

- Andere inspirieren: Durch das eigene Engagement andere dazu motivieren, ebenfalls aktiv zu werden. Solidarität ist ansteckend – und das ist etwas Positives.

Ein Appell an die Menschlichkeit

Wenn jede*r von uns täglich eine kleine gute Tat vollbringt, könnte sich die Welt nachhaltig verändern. Es muss nicht immer der große Einsatz sein – oft sind es die kleinen Gesten, die Großes bewirken. Die *Rengschburger Herzen* zeigen, wie wichtig lokales Engagement ist. Sie schaffen Orte wie das Seniorencafé, wo Menschen Würde, Gemeinschaft und Unterstützung erfahren.

Die Botschaft ist klar: Es liegt an uns allen, eine Gesellschaft zu formen, in der niemand zurückgelassen wird. Und wenn wir uns zusammentun, können wir beweisen, dass Solidarität und Menschlichkeit keine leeren Worte, sondern gelebte Werte sind.

4. Was jeder Einzelne tun kann

Jeder von uns kann einen Beitrag leisten, die Facetten der Armut zu bekämpfen. Oft sind es kleine Dinge, die in der Summe eine große Wirkung entfalten. Hier sind konkrete Schritte, wie du aktiv helfen kannst – und dabei sogar etwas für dich selbst zurückbekommst:

I. Bewusstsein schaffen und informiert bleiben

- Augen öffnen: Schau hin, statt weg. Sei aufmerksam gegenüber Menschen in deinem Umfeld, die Unterstützung brauchen könnten.

- Informieren: Lies Artikel, höre Podcasts oder sprich mit Organisationen, um zu verstehen, wie Armut aussieht und was dagegen getan werden kann.

II. Zeit investieren

- Freiwilligenarbeit: Engagiere dich in gemeinnützigen Projekten wie Tafeln, Obdachlosenhilfen oder lokalen Initiativen. Schon ein paar Stunden im Monat können den Unterschied machen.

- Unterstützung im Alltag: Hilf Nachbarn oder Bekannten, die es schwer haben – sei es durch Einkäufe, Fahrten oder ein offenes Ohr.

III.   **Spenden – mehr als Geld**

- Sachspenden: Kleidung, Schuhe, Möbel oder Lebensmittel, die du nicht mehr brauchst, können anderen Menschen helfen.

- Regelmäßige Geldspenden: Auch kleine Beträge, die du monatlich an Organisationen spendest, ermöglichen langfristige Hilfsprojekte.

IV.   **Dein Wissen teilen**

- Nachhilfe geben: Unterstütze Kinder aus benachteiligten Familien bei den Hausaufgaben.

- Beratung anbieten: Wenn du ein spezielles Wissen hast – sei es zu Finanzen, Bewerbungen oder Handwerk –, teile es mit anderen, die davon profitieren könnten.

V.   **Solidarität im Alltag leben**

- Freundlichkeit schenken: Ein Lächeln, ein Gespräch oder ein nettes Wort können viel bewirken. Respekt und Anerkennung sind für viele Menschen genauso wichtig wie materielle Hilfe.

- Fair konsumieren: Kaufe regional und nachhaltig, um nicht nur die Umwelt zu schonen, sondern auch die lokale Wirtschaft zu unterstützen.

VI. Andere inspirieren

- Vorbild sein: Dein Engagement könnte andere dazu motivieren, selbst aktiv zu werden. Teile deine Erfahrungen in Gesprächen oder auf Social Media, um Bewusstsein zu schaffen.

- Gemeinsam aktiv werden: Organisiere mit Freunden, Familie oder Kolleg*innen Aktionen wie Spendenläufe, Benefizveranstaltungen oder Sammelaktionen.

VII. Jeden Tag etwas Gutes tun

- Kleine Gesten zählen: Kaufe einem Obdachlosen einen Kaffee, schenke warme Kleidung oder biete jemandem Unterstützung an, der sie braucht.

- Pfadfinder-Mentalität: Jeden Tag eine kleine gute Tat vollbringen – das kostet wenig, bewirkt aber viel.

VIII. Es lohnt sich auch für dich

- Das Gefühl, etwas Gutes zu tun: Wer hilft, bekommt oft mehr zurück, als er gibt. Das warme, erfüllende Gefühl, das entsteht, wenn du jemandem eine Freude bereitest, ist unbezahlbar.

- Dankbarkeit erleben: Die Freude und Dankbarkeit der Menschen, denen du hilfst, schenken dir Momente, die dein eigenes Leben bereichern können.

- Gemeinschaft finden: Durch dein Engagement lernst du Menschen kennen, die ähnliche Werte teilen, und kannst Teil einer Gemeinschaft werden, die sich gegenseitig stärkt.

Eine Gesellschaft beginnt bei dir

Die Bekämpfung der Armut ist eine Aufgabe, die uns alle betrifft. Sie beginnt mit der Entscheidung, nicht nur zuzusehen, sondern aktiv zu helfen. Es braucht keine großen Summen oder außergewöhnliche Aktionen – kleine, regelmäßige Beiträge von jedem Einzelnen machen den Unterschied. Dabei gibt es keinen Zweifel: Das gute Gefühl, etwas Sinnvolles getan zu haben, bleibt bei dir – und das ist ein Geschenk, das du dir selbst machst.

DANKSAGUNG

Dieses Buch ist mehr als nur eine Sammlung von Geschichten – es ist ein Zeugnis menschlicher Stärke, Mitgefühl und unermüdlichen Einsatzes für diejenigen, die am Rande der Gesellschaft stehen. Ohne die Menschen, die täglich ihr Herzblut in diese Arbeit stecken, wäre es nie entstanden.

Mein tiefster Dank gilt Arno und seinem Team der Rengschburger Herzen. Ihr seid nicht nur Helfer – ihr seid Hoffnungsträger, Brückenbauer und Kämpfer für Menschlichkeit. Euer Engagement zeigt, dass Mitgefühl nicht nur ein Wort ist, sondern eine Tat, die Leben verändert.

Ein ebenso großer Dank geht an alle Hilfsorganisationen und insbesondere an die ehrenamtlichen Helfer, die oft im Stillen wirken, ohne Lob oder Anerkennung zu erwarten. Ihr seid das Rückgrat der Nächstenliebe und beweist Tag für Tag, dass man die Welt auch im Kleinen verändern kann.

Besonders erwähnen möchte ich Tom, der im Hintergrund unzählige Fäden gezogen hat, um dieses Projekt zu unterstützen. Ohne dich wären viele Dinge nicht möglich gewesen – deine Arbeit mag für viele unsichtbar sein, aber sie hat eine riesige Wirkung.

Und nicht zuletzt danke ich allen Menschen, deren Geschichten hier erzählt wurden. Ihr habt mir euer Vertrauen geschenkt, euer Leben mit mir geteilt und mir Einblicke gewährt, die mich für immer verändern werden. Ihr seid der Beweis, dass jede Geschichte es wert ist, gehört zu werden.

Dieses Buch ist für euch alle.

Franz

Arno Birkenfelder, der Gründer der Rengschburger Herzen e.V. mit mir, Franz Pietruska – Fotograf, zeigen gemeinsam das Titelbild beim Beginn des Projektes:

„Facetten der Armut"

Weitere Infos gibt es hier:

https://www.fotografie-pietruska.de/blog

https://www.rengschburgerherzen.de